广东省地方标准

高速公路机电设施养护作业规范

Maintenance specification for electrical and mechanical facilities of expressway

DB44/T 2432—2023

主编单位：广东省交通集团有限公司
　　　　　广东交科检测有限公司
　　　　　广东新粤交通投资有限公司
　　　　　广东诚泰交通科技发展有限公司
　　　　　中路高科交通检测检验认证有限公司
批准部门：广东省市场监督管理局
实施日期：2023 年 11 月 30 日

人民交通出版社
北京

图书在版编目（CIP）数据

高速公路机电设施养护作业规范：DB44/T 2432—2023 / 广东省交通集团有限公司等主编. — 北京：人民交通出版社股份有限公司，2024.3

ISBN 978-7-114-19092-6

Ⅰ.①高⋯　Ⅱ.①广⋯　Ⅲ.①高速公路—机电设备—公路养护—技术规范　Ⅳ.①U412.36-65

中国国家版本馆 CIP 数据核字(2023)第 224278 号

标准类型：	广东省地方标准
标准名称：	高速公路机电设施养护作业规范
标准编号：	DB44/T 2432—2023
主编单位：	广东省交通集团有限公司
	广东交科检测有限公司
	广东新粤交通投资有限公司
	广东诚泰交通科技发展有限公司
	中路高科交通检测检验认证有限公司
责任编辑：	石　遥
责任校对：	孙国靖　宋佳时
责任印制：	刘高彤
出版发行：	人民交通出版社
地　　址：	(100011)北京市朝阳区安定门外外馆斜街 3 号
网　　址：	http://www.ccpcl.com.cn
销售电话：	(010)59757973
总 经 销：	人民交通出版社发行部
经　　销：	各地新华书店
印　　刷：	北京市密东印刷有限公司
开　　本：	880×1230　1/16
印　　张：	8
字　　数：	246 千
版　　次：	2024 年 3 月　第 1 版
印　　次：	2024 年 3 月　第 1 次印刷
书　　号：	ISBN 978-7-114-19092-6
定　　价：	70.00 元

(有印刷、装订质量问题的图书，由本社负责调换)

DB44/T 2432—2023

目　次

前言 .... Ⅲ
引言 .... Ⅴ
1 范围 1
2 规范性引用文件 1
3 术语和定义 1
4 一般规定 2
　4.1 机电设施养护作业分类及养护内容 2
　4.2 机电设施养护作业范围 2
　4.3 工程交接 2
　4.4 作业安全 3
　4.5 养护原则 3
　4.6 作业频率 3
　4.7 升级更新 3
　4.8 故障修复 3
　4.9 软件升级 4
　4.10 防雷与接地装置的养护 4
　4.11 网络安全 4
　4.12 其他规定 4
5 养护资源配置 5
　5.1 养护人员配置 5
　5.2 养护场地配置 6
　5.3 养护设备及机具配置 6
6 日常巡查作业 7
　6.1 监控设施 7
　6.2 通信设施 9
　6.3 收费设施 11
　6.4 供配电设施 14
　6.5 照明设施 16
　6.6 隧道机电设施 16
7 定期巡检作业 18
　7.1 监控设施 18
　7.2 通信设施 22
　7.3 收费设施 25
　7.4 供配电设施 32
　7.5 照明设施 36
　7.6 隧道机电设施 36
8 定期养护作业 41
　8.1 监控设施 41

Ⅰ

8.2 通信设施 ……………………………………………………………………………… 47
8.3 收费设施 ……………………………………………………………………………… 51
8.4 供配电设施 …………………………………………………………………………… 56
8.5 照明设施 ……………………………………………………………………………… 58
8.6 隧道机电设施 ………………………………………………………………………… 59
9 常见故障修复作业 ………………………………………………………………………… 64
　　9.1 监控设施 ……………………………………………………………………………… 64
　　9.2 通信设施 ……………………………………………………………………………… 69
　　9.3 收费设施 ……………………………………………………………………………… 72
　　9.4 供配电设施 …………………………………………………………………………… 76
　　9.5 照明设施 ……………………………………………………………………………… 79
　　9.6 隧道机电设施 ………………………………………………………………………… 80
附录 A（资料性） 机电设施构成一览表 ………………………………………………………… 86
附录 B（规范性） 机电工程资料交接清单 ……………………………………………………… 89
附录 C（资料性） 机电设施养护常用表格样表 ………………………………………………… 90
附录 D（资料性） 机电设施养护管理平台功能 ………………………………………………… 117

前言

本文件按照GB/T 1.1—2020《标准化工作导则 第1部分：标准化文件的结构和起草规则》给出的规则起草。

请注意本文件的某些内容可能涉及专利。本文件的发布机构不承担识别专利的责任。

本文件由广东省交通运输厅提出。

本文件由广东省交通运输标准化技术委员会归口。

本文件起草单位：广东省交通集团有限公司、广东交科检测有限公司、广东新粤交通投资有限公司、广东诚泰交通科技发展有限公司、中路高科交通检测检验认证有限公司。

本文件主要起草人：黄强、廖荣、杨波、黄文清、胡晓辉、廖健明、潘亮华、刘嘉、王磊、曾祥平、陆树嵩、刘仕顺、李猛、陈囡、曾添乐、张智勇、马扬业、胡进顺、李彦强。

本文件为首次发布。

引 言

广东省高速公路机电设施养护作业的特点和难点主要有以下几个方面：一是路线长、站点密度大，机电系统复杂，如智慧机器人无人收费、毫米波雷视感知数据以及云计算、大数据等新一代数字技术得到应用，设备数量庞大且更新换代快，因此维护难度大；二是整个广东气候湿热多雨，尤其沿海地区台风频发、雷电多，设备易在灾害天气中受损，设备易锈蚀；三是粤北山区高速公路穿越南岭，冬季低温冰冻灾害、夏季降雨诱发的地质灾害均较为频繁，增加了养护难度；四是珠三角地区经济发达，交通量极大，机电设施维护非常不便，但实时性的要求越来越高；五是广东省隧道多，尤其是有不少长、特长隧道，以及沿海地区跨海（江）的水底沉管隧道，隧道机电设施组成结构复杂，养护管理难度大。目前，行业还没有关于高速公路机电设施养护作业的规范标准。

本文件基于广东省高速公路机电养护的特点，明确了机电设施养护内容、资源配置、作业要求等内容，形成了一套适合广东地区的机电设施养护作业的规范，有效解决了高速公路机电设施养护作业的难点。

请各有关单位在执行本文件过程中将发现的问题和意见及时反馈至广东省交通集团有限公司（地址：广州市珠江新城珠江东路32号利通广场，邮政编码：510623），以便修订时研用。

高速公路机电设施养护作业规范

1 范围

本文件规定了高速公路机电设施养护作业分类及一般规定、资源配置、日常巡查、定期巡检、定期养护、常见故障修复的技术要求。

本文件适用于广东省高速公路监控、通信、收费、供配电、照明、隧道机电等设施的养护作业。其他等级公路机电设施的养护作业可参照使用。

2 规范性引用文件

下列文件中的内容通过文中的规范性引用而构成本文件必不可少的条款。其中，注日期的引用文件，仅该日期对应的版本适用于本文件；不注日期的引用文件，其最新版本（包括所有的修改单）适用于本文件。

GB/T 18226 公路交通工程钢构件防腐技术条件
GB/T 25058 信息安全技术 网络安全等级保护实施指南
JTG F90 公路工程施工安全技术规范
JTG H12 公路隧道养护技术规范
JTG H30 公路养护安全作业规程

3 术语和定义

下列术语和定义适用于本文件。

3.1
机电设施养护 maintenance of electrical and mechanical facilities

为了保持运行中的机电设施的功能和性能，对机电设施进行的巡查、检测、保养、调试、故障预防或维修等活动。

3.2
日常巡查 routine inspection

通过监测软件等信息化方式或人工现场检查方式每天对机电设施的运行状态进行巡查。

3.3
定期巡检 regular inspection

在一定时间间隔（通常有1月、1季度、半年、1年等），通过目测、软件或专用工具对机电设施的现场环境、外观、基础、功能和完整性等进行的巡视检查。

3.4
定期养护 regular maintenance

在一定时间间隔（通常有1月、1季度、半年、1年等），对机电设施内部关键功能部件和机箱等附属部件进行的详细检查和保养等工作。

3.5
专项工程 special project
具备一定规模的设备综合整修、升级、新增或采用新技术、新应用的工程，且不属于日常养护的工程。

3.6
中压 medium voltage
380V 以上，35kV 及以下的用电电压。

4 一般规定

4.1 机电设施养护作业分类及养护内容

4.1.1 高速公路机电设施养护作业分为日常巡查、定期巡检、定期养护、故障修复、专项工程五类。

4.1.2 日常巡查应包括设备运行状态、告警信息、软件模块工作状态、机房环境等检查。

4.1.3 定期巡检应包括设备外观完整性、设备运行环境、支撑立柱、机箱外观、网络安全状态等检查及告警数据分析与统计。

4.1.4 定期养护应包括内部机箱检修与清扫、设备机械运转部件的润滑注油、支撑结构与基础的养护、标识标签完整性检查标注、光电缆线路连接检查、数据备份、预防性调试、设备功能测试、防雷接地电阻及绝缘电阻测试等。

4.1.5 故障修复应包括故障设备的修复或更新、软件故障的消除和功能恢复。

4.1.6 专项工程应包括设备综合整修、升级、新增或采用新技术、新应用的工程。

4.2 机电设施养护作业范围

4.2.1 高速公路机电设施养护包括监控、通信、收费、供配电、照明、隧道机电六部分设施。

4.2.2 监控设施包括车辆检测器、气象检测器、视频监控系统、LED（发光二极管）可变标志、视频交通事件检测器、公路交通情况调查设备、高清卡口、监控中心设备及系统、大屏幕显示系统、监控系统计算机网络、监控系统软件、视频云、雷达视频检测系统等。

4.2.3 通信设施包括通信管道及光电缆线路、光纤数字传输系统、固定电话交换系统、广播系统、以太网网络平台系统、通信电源、波分复用传输系统等。

4.2.4 收费设施包括 ETC（电子不停车收费系统）专用车道设施、ETC/MTC（电子不停车/人工半自动收费系统）混合车道设施、自助终端设施、ETC 门架系统、有线对讲及紧急报警系统、收费站设备、收费中心设备、收费系统计算机网络、视频监控系统、超限检测系统、绿色通道快速检测系统等。

4.2.5 供配电设施包括电力电缆、中压配电设备、电力变压器、低压配电设备、电源设备、风/光供电设备、电动汽车充电设备、电力监控系统等。

4.2.6 照明设施包括路段照明设施、互通照明设施、收费广场照明设施、服务区照明设施、收费天棚照明设施和桥梁照明设施等。

4.2.7 隧道机电设施包括车辆检测器、视频监控系统、LED 可变标志、隧道视频交通事件检测设施、隧道雷达视频检测系统、紧急电话、广播系统、环境检测设备、诱导及电光设施、通风设施、消防设施、隧道照明设施、本地控制器、隧道监控中心计算机控制系统、隧道监控中心计算机网络、隧道供配电设施、给排水系统等。

4.2.8 机电设施的构成见附录 A。

4.3 工程交接

机电设施养护管理单位应参与机电设施及其他有关工程设施的交工和竣工验收工作，接收整理、分析并保存机电设施的交、竣工资料和工程技术档案。交接建议清单见附录B。

注：机电设施养护管理单位指高速公路业主单位或者高速公路运营管理单位。

4.4 作业安全

机电设施养护作业应贯彻"质量为主、安全第一"的方针，保证养护质量、保障养护人员安全，避免因养护工作导致交通事故。

各类养护作业应满足JTG F90和JTG H30的有关规定。

4.5 养护原则

机电设施养护宜采用新技术、新材料、新设备、新工艺，提高养护质量和效率，使养护工作达到安全适用、经济合理、性能稳定的目的，并符合国家节能减排、绿色环保的相关政策要求。

4.6 作业频率

4.6.1 机电设施养护作业根据养护内容不同，分为每日、每月、每季、实时等不同频率。各类养护作业的频率宜按表1执行。

表1 各类机电设施养护作业频率

序号	养护作业类型	养护作业频率
1	日常巡查	1次/日
2	定期巡检	收费、供配电、隧道机电设施1次/月，其余设施1次/季
3	定期养护	1次/季，一级隧道供配电设施的养护频次按1次/月进行
4	故障修复	按故障修复要求时间修复
5	专项工程	—

注：一级隧道定义见JTG H12中隧道分级标准。

4.6.2 在发布雨、雪、冰雹、大风及雷电等异常天气橙色以上预警后，37℃以上高温持续7d以后，或者重大社会活动和重要节假日的前后，应按定期巡检的要求进行一次巡检。

4.7 升级更新

4.7.1 机电设施满足下列条件之一的，应升级改造或更换设备：
  a) 机电设施经养护后关键性能或主要功能不能满足规范中的性能或功能要求时；
  b) 高速公路管理单位对机电设施有更高的运营管理和应用需求时。

4.7.2 机电设施连续运行年限达到设备生产单位标称的使用寿命时宜进行升级改造或更换设备。

4.8 故障修复

养护作业发现故障后根据表2确定故障类型及修复时间，完成修复。

表2 故障类型及修复时间表

序号	故障类型	故障现象	修复时间要求
1	轻微故障	机电设施功能失效，但不影响设备正常运行	不超过120 h
2	一般故障	机电设施功能失效，造成设备不能正常运行，但不影响运营管理业务	不超过72 h

表 2 故障类型及修复时间表(续)

序号	故障类型	故障现象	修复时间要求
3	重大故障	机电设施功能失效,设备不能正常运行,且导致业务中断、数据丢失或设备故障对人身或行车安全造成威胁	修复时间不宜超过 24 h。若涉及安全隐患的故障无法立即修复,必须在修复前采取必要的安全防护措施
4	紧急故障	影响交通运输部路网监测与应急处置中心收费公路联网结算管理中心(以下简称"部中心")和广东省高速公路联网收费结算中心(以下简称"省中心")系统运行	应按照部中心或省中心的要求时间进行修复
注:故障修复时长为故障接报时间算起至故障修复完成时间。			

4.9 软件升级

软件升级应满足如下要求:

a) 机电设施配套软件系统应按照运营管理需求及时升级;
b) 软件升级过程中应不影响其他机电设施的正常运行。

4.10 防雷与接地装置的养护

机电设施的防雷与接地装置应满足如下要求:

a) 外部防雷装置安装牢固,接线正确,连接导线绝缘良好,无损伤;
b) 浪涌保护器工作正常,无接触不良、漏电流过大等问题,雷雨季节加强浪涌保护器的检查和养护;
c) 接地极和接地线的连接采用焊接方式,焊接牢固无虚焊,接至机电设备上的接地线采用镀锌螺栓连接,各连接点牢固可靠;
d) 安全接地电阻≤4 Ω、防雷接地电阻≤10 Ω、公用接地电阻≤1 Ω;
e) 有特殊要求的按设计规定。

4.11 网络安全

养护作业过程中对计算机硬件系统、软件系统、网络系统等信息系统的养护作业,应满足 GB/T 25058、《收费公路联网收费系统网络安全管理暂行办法》(交科技发〔2019〕86 号)、《交通运输部网络安全管理办法》(交科技发〔2020〕125 号)、《广东省收费公路联网收费系统网络安全管理暂行办法的通知》(粤交费〔2019〕752 号)等的相关规定要求。

4.12 其他规定

4.12.1 在设备外部涂层不符合标准要求、影响到设备正常工作时,应对设备的涂层防护进行处理。经翻新处理后,应符合设计要求或符合《公路交通工程钢构件防腐技术条件》(GB/T 18226)的要求。

4.12.2 机电设施所在路段改造或其他原因需要移位时,移位后机电设施的性能和功能应符合设计要求。

4.12.3 机电设施部件应齐全、完整。

4.12.4 机电设施养护各类作业应进行记录并对养护记录进行统计、分析,宜建立信息化系统,各类样表参见附录 C,机电设施养护管理平台功能参见附录 D。

4.12.5 机电设施的基础和支撑结构应满足以下要求：
   a) 基础完整、不碎裂、无掉角和无影响强度的裂纹，基础配筋不裸露，表面无损边、无积水；
   b) 支撑结构无明显歪斜，立柱防腐层无大面积剥落、锈蚀；
   c) 支撑结构上避雷针、接闪器部件完整，并与接地极可靠连接；
   d) 基础无寄生生物病害、无明显土方滑坡。

4.12.6 机电设施的机箱外观应满足以下要求：
   a) 机箱外壳无溅落物等污渍及寄生动物巢穴，底部无明显泥土及水渍；
   b) 表面防腐层无大面积剥落、锈蚀，门锁不锈蚀、开闭灵活；
   c) 机箱门密封胶条不粘、不硬、不老化；
   d) 机箱接地完好。

4.12.7 机电设施的机箱内部应满足以下要求：
   a) 元器件上无明显灰尘、织网等积落物；
   b) 元器件和线路无异常颜色、异常形状变化，无异声、异味；
   c) 机箱内部线路及元器件排列整洁、标识清楚，接插件连接牢固，无溶解、锈蚀等现象；
   d) 各种指示灯表示正确、亮度适当、易于辨别、互不窜光；
   e) 排风、散热部件工作正常；
   f) 状态指示灯逻辑正确。

4.12.8 机电设施内部各安装件机械部分应满足以下要求：
   a) 安装牢固，零件齐全，铆钉不活动，焊口无开焊，无影响机械强度或电气性能的裂纹、损伤；
   b) 螺丝扣不滑扣，螺母须拧固，螺杆伸出螺母外，弹簧垫圈等防松配件能起到应有的作用，开口销劈开的角度大于60°，两臂劈开角度基本一致；
   c) 机械活动部分动作灵活，互不卡阻，旷动量不超限，弹簧弹力要适当起到应有的作用；
   d) 转动轴承类连接件链杆的直径因磨损、锈蚀导致的减小量不超过1/10；
   e) 轴孔、销子孔、摩擦滑动面以及调整用螺扣保持清洁、油润（用铅粉作润滑者除外）、无锈蚀；
   f) 各种冷、热压零件及机件中的键不得滑动和窜出。

4.12.9 机电设施的电气特性应满足以下要求：
   a) 电气接点清洁、接触良好，节点片磨耗不得超过厚度的1/2，同类节点同时接、断，定、反位接触点不得同时接触，并保持规定节点间隙，接插元器件接触部分无锈蚀、不变形，动作良好；
   b) 强电端子对机壳绝缘≥50 MΩ，有特殊要求的按设计规定；
   c) 光电缆线路的电气特性符合相关标准要求；
   d) 熔断器安装牢固、接触良好，起到分级防护作用，容量符合设计规定，无具体规定的情况下，其容量为最大负荷电流的1.5倍~2倍，对具有冗余功能的熔断器，当主熔丝断丝时，能可靠地自动转换到副熔丝，且发出报警信号；
   e) 设备上的各种指示灯表示正确、亮度适当、易于辨别、互不窜光。

4.12.10 收费站、监控中心、通信中心(站)的机房、电源室、设备室的空调设施满足温度18 ℃~28 ℃，湿度30%~70% RH 的设备工作需要，密封防尘，室内清洁，机房设备室具有防静电措施。

4.12.11 设备及线路养护后，其位置、外观及功能、性能等应恢复原正常工作状态。

5 养护资源配置

5.1 养护人员配置

5.1.1 高速公路管理单位应根据机电设施的配置规模、养护工作量等合理配备养护人员，建立岗位责任制，制定年度养护计划等。

5.1.2 机电设施养护人员宜具有电子、电气、计算机、通信、自动化等机电相关专业的学历,上岗前应经过培训,并熟练掌握机电设施的使用要领和技术特性。特殊工种上岗前应按照国家相关政策的规定,经考核持证上岗。

5.1.3 高速公路机电设施养护单位宜成立统一的技术支持服务团队负责对收费业务、监控视频业务、网络安全业务、干线通信网络状态、部分机电设备状态及数据等各系统业务进行监测,对技术难点、软件升级管理与完善、新产品新技术的培训与指导提供必要的技术支持,对大数据进行分析与统计、软件性能评估、硬件性能评估和收费系统持续优化。

5.1.4 高速公路机电设施养护单位应按养护里程、隧道里程、车流量配置养护人员不少于3人。岗位设置、人员资质的配置可参考表3。

表3 养护人员配置参照表

岗位	资质要求
项目经理	工程师及以上职称,有交通运输主管部门颁发的有效安全生产"三类人员"交安B类证书
技术负责人	工程师及以上职称
专业工程师	助理工程师及以上职称
安全员	有交通运输主管部门颁发的有效安全生产"三类人员"交安C类证书
维护员	经过岗前技术培训、安全培训并考核合格
档案资料管理员	经过岗前培训并考核合格

5.2 养护场地配置

5.2.1 路段应根据机电设施养护里程设立养护网点,负责机电系统现场维护、巡检、保洁保养、应急抢修和节假日设备运行保障工作。

5.2.2 养护项目及网点设置应考虑养护作业的便利性、应急保障的及时性、人员生活便利及安全。作业辐射半径宜为40 km～80 km。场地内划分不同功能区域,应包含办公区、仓库,条件允许时可增设住宿、会议室、食堂等。

5.3 养护设备及机具配置

5.3.1 养护单位应根据路段机电系统的实际情况配置养护所需备品备件、仪器仪表及工程机械等并建立使用台账。

5.3.2 养护常用备品备件宜包括ETC门架天线(含PCI/PCI-E密码卡)、天线控制器、车牌图像识别设备、ETC车道天线、天线控制器、收费车道高清车牌识别设备、车道工控机、车道控制器、自动栏杆、车道LED指示标志、票据打印机、专用键盘、费额显示器、监控摄像机、扫码枪、硬盘录像机、PLC(可编程逻辑控制器)模块、ODF配线架(光纤配线架)、光缆终端盒、光纤收发器、LED路灯、网线、光缆、尾纤、跳纤、光纤法兰、单相电源防雷器、信号防雷器等。

5.3.3 养护仪器仪表及工程机械宜包括养护车辆、高空作业设备、发电机、清洁工具、养护工具、路面切割机、施工作业安全防护设施或设备、劳动保护设施、光纤熔接机、光功率计、光源、计算机网络测试仪、光时域反射仪、电感测试仪、误码测试仪、绝缘电阻测试仪、损耗测试仪、CATV(Community Antenna Television)测试仪、兆欧表、万用表、接地电阻测试仪、电缆头加工设备、电缆敷设工具等。

6 日常巡查作业

6.1 监控设施

6.1.1 车辆检测器

6.1.1.1 作业内容包含车辆检测器的运行状态检查,车辆检测器与采集服务器的数据交互情况检查。

6.1.1.2 作业流程应满足下列要求:
a) 准备专用电脑、车辆检测器管理软件;
b) 使用软件检查车辆检测器设备工作状态,是否正常采集车流数据,有无异常告警;
c) 使用软件检查车辆检测器与采集服务器交互情况,车辆数据采集更新频率是否正常,是否有积压数据,是否有异常数据。

6.1.2 气象检测器

6.1.2.1 作业内容包含气象检测器的运行状态检查,气象检测器与采集服务器的数据交互情况检查。

6.1.2.2 作业流程应满足下列要求:
a) 准备专用电脑、气象检测器管理软件;
b) 使用软件检查气象检测器设备工作状态,是否正常采集气象数据,有无异常告警;
c) 使用软件检查气象检测器与采集服务器交互情况,气象数据采集更新频率是否正常,是否有积压数据,是否有异常数据。

6.1.3 视频监控系统

6.1.3.1 作业内容包含视频设备及软件系统的运行状态检查,系统主要功能检查。

6.1.3.2 作业流程应满足下列要求:
a) 准备专用电脑、视频管理软件;
b) 使用软件检查视频设备运行状态、通信情况,设备运行状态是否正常,有无异常告警;
c) 使用软件检查视频系统各模块主要功能,图像是否清晰,云台是否可控,视频切换是否正常,视频存储是否正常。

6.1.4 LED可变标志

6.1.4.1 作业内容包含LED可变标志的运行状态检查,信息发布功能检查。

6.1.4.2 作业流程应满足下列要求:
a) 准备专用电脑、LED可变标志管理软件;
b) 使用软件检查设备主机板、温度传感单元、亮度传感器、风扇等各功能板卡状态情况,设备运行状态是否正常,有无异常告警;
c) 使用软件检查信息发布相关功能,信息编辑、发布、显示功能是否正常。

6.1.5 视频交通事件检测器

6.1.5.1 作业内容包含视频交通事件检测器的运行状态检查,视频交通事件检测器与采集服务器的数据交互情况检查。

6.1.5.2 作业流程应满足下列要求:
a) 准备专用电脑、视频交通事件检测器管理软件;
b) 使用软件检查视频交通事件检测器运行状态,相关设备运行状态是否正常,事件数据、录像图

片存储是否正常,有无异常告警;
c) 使用软件检查视频信号情况,查看图像是否清晰;
d) 使用软件检查事件检测器与服务器交互情况,上传数据是否正常,是否有积压数据,是否有异常数据。

6.1.6 公路交通情况调查设备

6.1.6.1 作业内容包含公路交通情况调查设备的运行状态检查,设备与采集服务器的数据交互情况检查。

6.1.6.2 作业流程应满足下列要求:
a) 准备专用电脑、公路交通情况调查设备管理软件;
b) 使用软件检查设备运行状态,设备是否正常采集交通情况数据,有无异常告警;
c) 使用软件检查设备与采集服务器交互情况,采集数据更新频率是否正常,是否有积压数据,是否有异常数据。

6.1.7 高清卡口

6.1.7.1 作业内容包含高清卡口设备的运行状态检查,设备与采集服务器的数据交互情况检查:
a) 运行状态检查:车牌识别仪、补光灯、交换机、工控机等设备工作状态;
b) 数据交互检查:与服务器交互、牌识数据上传。

6.1.7.2 作业流程应满足下列要求:
a) 准备专用电脑、高清卡口管理软件;
b) 使用软件检查车牌识别仪工作状态,检查车牌识别仪是否在线,是否有牌识流水、抓拍图片生成,有无异常告警,判断补光灯、交换机是否正常工作;
c) 使用软件检查工控机工作状态,检查磁盘空间、CPU(中央处理器)内存使用情况、系统时间是否同步;
d) 使用软件检查设备与服务器交互情况,牌识流水、图片上传是否正常,是否有积压数据,是否有异常数据。

6.1.8 监控中心设备及系统

6.1.8.1 作业内容包含监控中心设备及系统的运行状态检查,监控中心环境检查。

6.1.8.2 作业流程应满足下列要求:
a) 准备专用电脑、监控管理软件、温度计、湿度计;
b) 使用管理软件检查监控服务器磁盘空间、CPU、内存、系统时间等是否正常;
c) 对于管理软件无法采集运行状态的设备,使用目测方式查看设备状态指示灯,是否有异常提示;
d) 通过温度计、湿度计检查监控室及设备机房内温湿度是否满足要求。

6.1.9 大屏幕显示系统

6.1.9.1 作业内容包含大屏幕显示系统运行状态检查,大屏幕设备及软件功能检查。

6.1.9.2 作业流程应满足下列要求:
a) 准备专用电脑、大屏幕管理软件;
b) 使用软件检查系统运行状态,查看运行状态是否正常;
c) 使用软件检查图像显示情况,查看输出图像是否清晰、稳定、无抖动;
d) 使用软件检查系统控制功能,查看窗口缩放、多窗口显示等功能是否符合设计要求。

6.1.10 监控系统计算机网络

6.1.10.1 作业应包含下列内容：
a) 检查监控设备与监控中心之间网络及监控中心视频上传网络运行状态；
b) 检查监控室及设备机房内温度、湿度。

6.1.10.2 作业流程应满足下列要求：
a) 准备专用电脑、网络管理系统、网线、串口线、温湿度计等工具；
b) 使用网络管理系统或网络工具软件检查监控系统计算机网络是否正常；
c) 使用网络管理系统或查看核心交换机系统日志，是否存在设备温度及散热风扇报警、严重性能告警、通信连接告警等异常信息；
d) 使用温湿度计，查看机房温湿度是否满足要求。

6.1.11 监控系统软件

6.1.11.1 作业内容包含软件模块的功能检查。

6.1.11.2 作业流程应满足下列要求：
a) 准备专用电脑、监控系统软件；
b) 使用监控系统软件，测试监控系统软件模块的功能是否正常；
c) 使用监控系统软件查看日志信息，检查应用软件、数据库是否存在运行异常记录。

6.1.12 视频云

6.1.12.1 作业内容包含视频云运行状态检查，设备功能检查。

6.1.12.2 作业流程应满足下列要求：
a) 准备专用电脑、视频云管理软件；
b) 使用软件检查视频云设备运行状态是否正常，有无异常告警；
c) 使用软件检查视频云设备取流、推流功能，查看视频是否能正常取流、推流进行上传；
d) 使用软件检查日志信息，应用软件、数据库是否存在运行异常记录。

6.1.13 雷达视频检测系统

6.1.13.1 作业内容包含雷达视频检测系统的运行状态检查，设备与采集服务器的数据交互情况检查。

6.1.13.2 作业流程应满足下列要求：
a) 检查专用电脑、雷达视频管理软件；
b) 使用软件查看雷达、视频设备、前端处理单元运行状态是否正常在线，系统时间是否同步，有无异常告警；
c) 使用软件检查设备与服务器交互情况，事件信息上传是否正常，是否有积压数据。

6.2 通信设施

6.2.1 通信管道及光电缆线路

6.2.1.1 作业内容包含利用通信网管软件检查管理中心、各收费站及各隧道之间互连的物理链路，查验设备运行状态及无接续应答情况。

6.2.1.2 作业流程应满足下列要求：
a) 准备测试电话机、测试塞绳、网络综测或其他网络通断测试软件工具等；

b) 检查基础通信设施传输网、收费和监控万兆网、语音交换设备等的通信网管软件,是否有异常提醒;
c) 目测检视基础通信设施传输网、收费和监控万兆网、程控交换设备等运行状态灯,判断是否有异常;
d) 利用网络软件工具网络综测、测试话机或 ping 命令等分别测试收费、监控、通信网络主干线路通断,检视是否连通。

6.2.2 光纤数字传输系统

6.2.2.1 作业内容包含检查设备状态、线路接口模块/板状态、主处理交叉模块/板、各业务支路板。
6.2.2.2 作业流程应满足下列要求:
a) 准备温度计、湿度计、光传输网管;
b) 通过温度计、湿度计检查通信机房环境是否符合要求;
c) 检查基础通信设施传输网、收费和监控万兆网、语音交换设备等的通信网管软件,是否有异常提醒;
d) 目测检视基础通信设施传输网、收费和监控万兆网、程控交换设备等运行状态灯,判断是否有异常;
e) 利用网络软件工具网络综测、测试话机或 ping 命令等分别测试收费、监控、通信网络主干线路通断,检视是否连通。

6.2.3 固定电话交换系统

6.2.3.1 作业内容包含检查设备运行状态、告警信息。
6.2.3.2 作业流程应满足下列要求:
a) 准备温度计、湿度计、程控交换网管;
b) 通过温度计、湿度计检查通信机房环境是否符合要求;
c) 检查设备各模块和单板状态显示;
d) 检查网管呼叫日志或咨询电话用户,确认电话业务呼损是否越限;
e) 检查网管系统各类性能告警记录。

6.2.4 广播系统

6.2.4.1 作业内容包含检查系统控制器运行或自检情况、检查广播系统网管计算机运行状态、巡视广播终端状态。
6.2.4.2 作业流程应满足下列要求:
a) 准备广播系统控制器、广播系统网管;
b) 检查系统控制器运行或自检情况,检视是否存在异常;
c) 在网管系统中检查设备工作状态,检视是否存在异常。

6.2.5 以太网网络平台系统

6.2.5.1 作业内容包含检查各业务交换路由设备 CPU 及内存占用率、检查各业务交换节点之间主干通信链路状况。
6.2.5.2 作业流程应满足下列要求:
a) 准备温度计、湿度计、网管、telnet 或 ssh 工具;
b) 通过温度计、湿度计检查通信机房环境是否符合要求;
c) 通过网管或远程工具检查设备状态,检视是否存在异常。

6.2.6 通信电源

6.2.6.1 作业内容包含检查通信电源各模块的运行状态、检查充电情况、检查输入输出电流电压。

6.2.6.2 作业流程应满足下列要求：
a) 准备温度计、湿度计、通信电源设备网管；
b) 通过温度计、湿度计检查通信机房环境是否符合要求；
c) 检查设备状态显示情况，检视是否存在异常；
d) 通过网管检查通信电源工作情况，检视是否存在异常。

6.2.7 波分复用传输系统

6.2.7.1 作业内容包含检查设备状态显示情况、检查柜内分波合波模块各波长跳纤情况。

6.2.7.2 作业流程应满足下列要求：
a) 准备温度计、湿度计、传输骨干网网管；
b) 通过温度计、湿度计检查通信机房环境是否符合要求；
c) 检查设备状态显示情况，检视是否存在异常；
d) 检查柜内分波合波模块各波长跳纤完好性，检视是否存在异常；
e) 通过网管检查通信异常情况，检视是否存在异常。

6.3 收费设施

6.3.1 ETC专用车道设施

6.3.1.1 作业应包含下列内容：
a) 数据交互检查：
 1) 检查站级系统、路段中心级系统数据交互服务运行情况；
 2) 检查治超系统车辆检测记录存放路径；
 3) 检查下载的OBU(On Board Unit)状态名单、用户卡状态名单、追缴名单、预追缴名单、绿通预约名单、大件运输预约名单版本。
b) 交易处理检查：
 1) 检查车道软件版本、费率模块及费率参数版本、全网可达收费站间最短路径费率版本；
 2) 检查车道收费流水生成及上传情况；
 3) 检查有无跟车干扰、旁道干扰。
c) 车道设施检查：
 1) 检查收费终端显示器及费额显示器、信号灯操作响应、栏杆机动作、闪光报警器、车道摄像机、RSU(Road Side Unit)控制器等工作情况；
 2) 检查收费软件车道流水上传情况，检查各设备心跳情况；
 3) 检查网络连通性。

6.3.1.2 作业流程应满足下列要求：
a) 准备专用电脑、网线、串口线、移动存储介质等工具；
b) 检查与站级收费系统数据交互服务运行情况，向站级系统、路段中心上传数据是否有积压；
c) 检查各参数、状态名单更新下发情况，版本是否正确；
d) 检查车道控制器跟雨棚灯、线圈、自动栏杆、费额显示器等车道外设的控制情况，检视是否存在异常；
e) 检查工控机收费系统的运行情况，检查系统时间、磁盘空间、内存使用情况，检视是否存在异常；
- f) 检查本地存放识别图片的文件夹，核查是否实时上传识别图片；
- g) 通过车道收费软件检查外设运行状态，检视是否存在异常。

6.3.2 ETC/MTC 混合车道设施

6.3.2.1 作业应包含下列内容：
- a) 数据交互检查：
    1) 检查站级系统、路段中心级系统数据交互服务运行情况；
    2) 检查治超系统车辆检测记录存放路径；
    3) 检查下载的 OBU 状态名单、用户卡状态名单、追缴名单、预追缴名单、绿通预约名单、大件运输预约名单版本。
- b) 交易处理检查：
    1) 检查车道软件版本、费率模块及费率参数版本、全网可达收费站间最短路径费率版本；
    2) 检查车道收费流水生成及上传情况；
    3) 检查有无跟车干扰、旁道干扰。
- c) 车道设施检查：
    1) 检查收费终端显示器及费额显示器、信号灯操作响应、栏杆机动作、闪光报警器、车道摄像机、RSU 控制器、收费专用键盘、收发卡设备及读卡器、票据打印机、收费工控机(含便携机、移动式收费设备)、扫码枪、手动栏杆等工作情况；
    2) 检查收费软件车道流水上传情况，检查各设备心跳情况；
    3) 检查网络连通性。

6.3.2.2 作业流程应满足下列要求：
- a) 准备专用电脑、网线、串口线、移动存储介质等工具；
- b) 检查与站级收费系统数据交互服务运行情况，向站级系统、路段中心上传数据是否有积压；
- c) 检查各参数、状态名单更新下发情况，版本是否正确；
- d) 检查车道控制器跟雨棚灯、线圈、自动栏杆、费额显示器等车道外设的控制情况；
- e) 检查工控机收费系统的运行情况，检查系统时间、磁盘空间、内存使用情况；
- f) 检查本地存放识别图片的文件夹，核查是否实时上传识别图片；
- g) 通过车道收费软件检查外设运行状态，检视是否存在异常。

6.3.3 自助终端设施

6.3.3.1 作业应包含下列内容：
- a) 检查出入口自助终端设备连接状态，收费软件运行情况及数据上传情况；
- b) 检查收费软件连接车牌识别仪、RSU 天线、IO(Input/Output)卡等设备的情况，对装有 OBU 车辆通过 RSU 天线的可交互信息，正常交易后产生相应数据抬杆放行，对异常车辆告警拦截。

6.3.3.2 作业流程应满足下列要求：
- a) 准备专用电脑、网线、串口线、移动存储介质等工具；
- b) 查看收费软件与现场设备连接情况，检视连接是否正常；
- c) 查看收费交易及数据上传情况，检视是否存在数据积压。

6.3.4 ETC 门架系统

6.3.4.1 作业应包含下列内容：
- a) 数据交互检查：

1) 检查门架前端软件与后台系统数据交互服务运行情况；
2) 检查收费数据向部中心、省中心、路段中心的上传情况；
3) 检查门架软件版本、费率模块和费率参数版本。

b) 门架设施检查：
1) 检查门架网络通信状态；
2) 检查路侧单元 RSU 中的 PSAM（Purchase Secure Access Module）授权状态；
3) 检查 RSU 天线控制器运行状态及交易成功率；
4) 检查车牌识别设备运行状态及识别率；
5) 检查前端工控机软件运行情况；
6) 检查门架后台服务器软件运行情况。

6.3.4.2 作业流程应满足下列要求：
a) 准备专用电脑、网线、串口线、移动存储介质等工具；
b) 检查门架心跳流水、交易流水、牌识流水、牌识图片等上传至门架后台服务器情况，检视是否存在异常；
c) 检查前端工控机、门架后台服务器校时情况，检视时间是否准确；
d) 检查门架天线 PSAM 授权状态、门架交易成功率和车牌识别率；
e) 检查前端和后台收费软件的运行情况，检视是否存在异常；
f) 检查省、部两级监测平台确认门架软件版本、费率模块和费率参数版本；
g) 检查路段、省、部收费后台确认站到路段中心、站-省直传、站-部直传链路工作状态及数据传输情况，检视是否存在数据积压。

6.3.5 有线对讲和紧急报警系统

6.3.5.1 作业内容包含检查信息显示、上传、转发情况，检查数据准确性。

6.3.5.2 作业流程应满足下列要求：
a) 准备专用电脑、网线、串口线、移动存储介质等工具；
b) 实际操作或查看设备运行状态，检视是否存在异常。

6.3.6 收费站设备

6.3.6.1 作业内容包含检查设备、软件系统运行状态，检查信息采集及传输功能，检查数据传输情况。

6.3.6.2 作业流程应满足下列要求：
a) 准备专用电脑、网线、串口线、移动存储介质等工具；
b) 查询收费站去重服务器、站省直传服务器、管理服务器等设备运行情况及软件运行情况；
c) 检查收费站北斗授时服务器、PSAM 授权服务器、工作站及网络设备工作状态，检视是否存在异常告警；
d) 检查投包机设备工作状态，检视是否存在异常。

6.3.7 收费中心设备

6.3.7.1 作业内容包含检查设备、软件系统运行状态，检查信息采集及传输功能，检查数据传输情况。

6.3.7.2 作业流程应满足下列要求：
a) 准备专用电脑、网线、串口线、移动存储介质等工具；
b) 通过超融合服务器集群管理系统，查询超融合服务器设备工作状态，检视有无异常告警；
c) 查询超融合服务器路段数据处理软件工作状态，检视是否存在异常；
d) 检查路段参数下发服务运行状态，检视是否存在异常。

6.3.8 收费系统计算机网络

6.3.8.1 作业内容包含检查站到部中心、站到省中心、站到路段中心网络通信情况,检查站到路段中心、站到省中心、站到部中心的数据上传情况。

6.3.8.2 作业流程应满足下列要求:
a) 准备专用电脑、网线、串口线、移动存储介质等工具;
b) 通过数字监测软件检查网络通信情况,检查数据上传情况,检视是否存在连接失败和数据异常积压;
c) 检查防病毒服务器、堡垒机及网络设备工作状态,检视是否存在异常。

6.3.9 视频监控系统

参见 6.1.3 视频监控系统。

6.3.10 超限检测系统

6.3.10.1 作业内容包含检查设备、软件系统运行状态,检查信息采集及传输功能,检查数据传输情况。

6.3.10.2 作业流程应满足下列要求:
a) 准备专用电脑、网线、串口线、移动存储介质等工具;
b) 巡查相应的监测软件,查询设备状态是否正常。

6.3.11 绿色通道快速检测系统

6.3.11.1 作业内容包含设备、软件系统运行状态,检查信息采集及传输功能,检查数据传输情况。

6.3.11.2 作业流程应满足下列要求:
a) 准备专用电脑、网线、串口线、移动存储介质等工具;
b) 巡查相应的监测软件,查询设备状态是否正常。

6.4 供配电设施

6.4.1 电力电缆

6.4.1.1 作业内容包含检查负载供电情况。

6.4.1.2 作业流程应满足下列要求:
a) 准备电力监控软件;
b) 通过电力监控软件巡查电流电压情况,检视是否存在异常。

6.4.2 中压配电设备

6.4.2.1 作业应包含下列内容:
a) 巡视设备外观;
b) 检查配电设备的指示仪表、计量仪表、音响信号装置的数值范围,及运行情况;
c) 监视配电设备系统一二次电流电压在正常范围之内。

6.4.2.2 作业流程应满足下列要求:
a) 准备电力监控软件、一二次接线图、远程摄像设备,如需进入配电间则应做好绝缘防护措施;
b) 通过电力监控软件巡查各类配电设施是否存在异常告警;
c) 通过摄像设备快速轮巡配电设备外观及配电间周围环境,检视是否存在异常;

d) 在配电间每操作一步后应观察指示灯是否指示正确,确认操作到位。

6.4.3 电力变压器

6.4.3.1 作业应包含下列内容：
a) 巡视变压器外观；
b) 查看器身、高低压接线端及外壳接地情况。

6.4.3.2 作业流程应满足下列要求：
a) 通过摄像设备,远程查看变压器外观情况及周围环境情况,有无破损、松动/振动等异常；
b) 如现场巡视,准备所需的绝缘工具、仪器；
c) 检查变压器温控器、巡视温度是否在正常范围；
d) 检查变压器高、低压瓷套管是否清洁,有无裂纹、破损及闪络放电痕迹；
e) 接线端头无发热变色迹象,无异常响声和气味；
f) 对室内变压器,还应检查门窗是否完好,检查百叶窗或铁丝纱完整程度。

6.4.4 低压配电设备

6.4.4.1 作业应包含下列内容：
a) 检查设备运行情况,检查各电流、电压、功率指示情况；
b) 如现场巡视,应检查绝缘子外观情况、配电柜的底板完好情况、电缆封堵情况。

6.4.4.2 作业流程应满足下列要求：
a) 准备电力监控软件、一二次接线图、远程摄像设备,如需进入配电间则应做好绝缘防护措施；
b) 通过电力监控软件巡查各类配电设施运行是否正常；
c) 通过摄像设备快速轮巡配电设备外观及配电间周围环境,有无破损、松动/振动等异常；
d) 检查配电柜的接地装置有无破损、锈蚀是否严重；
e) 检查低压电容器工作状态,检查电容电流范围是否正常；
f) 检查电容器外观,投切及功率因数是否满足使用要求。

6.4.5 电源设备

6.4.5.1 作业内容包含检查电源信号灯情况、检查蓄电池组运行状态。

6.4.5.2 作业流程应满足下列要求：
a) 准备电力监控软件；
b) 通过电力监控软件进行巡查,检视是否存在异常。

6.4.6 风/光供电设备

6.4.6.1 作业内容包含巡视信息采集功能及传输情况。

6.4.6.2 作业流程应满足下列要求：
a) 准备电力监控软件；
b) 通过电力监控软件进行巡查,检视是否存在异常。

6.4.7 电动汽车供电设备

6.4.7.1 作业内容包含巡视汽车充电场所、信息采集功能。

6.4.7.2 作业流程应满足下列要求：
a) 准备电力监控软件、充电桩管理软件；
b) 通过电力监控软件巡查供电设备运行是否正常；

c) 通过充电桩管理软件查看充电桩及配套设施运行是否正常。

6.4.8 电力监控

6.4.8.1 作业内容包含巡视上位机运行环境、网络通信情况、软件运行情况。

6.4.8.2 作业流程应满足下列要求：
   a) 准备电力监控软件；
   b) 通过电力监控软件进行巡查上位机运行状态、时钟同步是否正常。

6.5 照明设施

6.5.1 照明设施包含路段照明设施、互通照明设施、收费广场照明设施、服务区照明设施、收费天棚照明设施、桥梁照明设施等，其作业内容及流程相同。

6.5.2 作业内容包含检查照明灯具外观及开启情况。

6.5.3 作业流程应满足下列要求：
   a) 准备照明监控软件；
   b) 检查灯具的外观是否破损及发光是否正常；
   c) 目视检查障碍灯的闪光频率。

6.6 隧道机电设施

6.6.1 车辆检测器

参见6.1.1车辆检测器。

6.6.2 视频监控系统

参见6.1.3视频监控系统。

6.6.3 LED 可变标志

参见6.1.4 LED 可变标志。

6.6.4 隧道视频交通事件检测器

参见6.1.5视频交通事件检测器。

6.6.5 紧急电话

6.6.5.1 作业内容包含紧急电话的运行状态检查，呼叫功能检查。

6.6.5.2 作业流程应满足下列要求：
   a) 准备专用电脑、紧急电话管理软件；
   b) 使用软件检查紧急电话分机设备运行状态是否正常，有无异常告警；
   c) 使用软件检查紧急电话处理主机功能，查看通话呼叫等功能是否可以正常使用；
   d) 使用软件查看系统定时自检记录，查看自检功能是否正常，自检数据更新频率是否符合设计要求。

6.6.6 广播系统

6.6.6.1 作业内容包含广播系统的运行状态检查，广播功能检查。

6.6.6.2 作业流程应满足下列要求：

a) 准备专用电脑、广播系统管理软件；
b) 使用软件检查广播系统设备运行状态，查看运行状态是否正常，有无异常告警；
c) 使用软件检查播放功能，查看是否能实时广播或播放已录制节目。

6.6.7 环境检测设备

6.6.7.1 作业内容包含环境检测设备运行状态检查，设备与采集服务器的数据交互检查。
6.6.7.2 作业流程应满足下列要求：
a) 准备专用电脑、环境监测管理软件；
b) 使用软件检查环境检测设备状态，查看运行状态是否正常，是否能正常采集环境数据，有无异常告警；
c) 使用软件检查环境设备与采集服务器交互情况，采集数据更新频率是否正常，是否有积压数据，是否有异常数据。

6.6.8 诱导及电光设施

6.6.8.1 作业内容包含设施运行状态检查。
6.6.8.2 作业流程应满足下列要求：
a) 准备专用电脑、诱导及电光设施管理软件；
b) 使用软件检查设备状态，查看运行状态是否正常。

6.6.9 通风设施

6.6.9.1 作业内容包含风机的运转状态检查，水下隧道安全通道通风系统及水下隧道高压细水雾降温系统运转状态检查。
6.6.9.2 作业流程应满足下列要求：
a) 准备专用电脑、通风设施控制软件；
b) 使用软件检查风机是否按控制要求进行正转、反转，查看控制柜各功能板卡反馈是否正常；
c) 检查水下隧道安全通道通风系统，查看安全通道气压、温度、风机连接状态，有无异常告警，查看防火门状态，正常情况下是否为常闭；
d) 检查水下隧道高压细水雾降温系统，通过细水雾控制软件查看行车孔温度是否正常、水池水位是否正常，通过目测方式检查控制阀连接状态是否正常、细水雾喷头外观是否正常。

6.6.10 消防设施

6.6.10.1 作业内容包含消防设施的运行状态检查。
6.6.10.2 作业流程应满足下列要求：
a) 准备专用电脑、消防设施管理软件；
b) 使用软件检查设备运行状态，查看运行状态是否正常，有无异常告警；
c) 使用软件检查传感器反馈状态，查看行车孔温度是否正常、控制阀连接状态是否正常、水池水位是否正常、泡沫液位是否正常、水喷雾泵及泡沫泵连接状态是否正常；
d) 使用软件查看日志信息，查看是否有运行异常记录。

6.6.11 隧道照明设施

6.6.11.1 作业内容包含照明设施的运行状态检查，照明控制功能检查。
6.6.11.2 作业流程应满足下列要求：
a) 准备专用电脑、隧道照明管理软件；

b) 使用软件检查设备运行状态,查看照明回路运行状态是否正常,有无异常告警;
c) 使用软件控制照明模块,查看照明回路是否可控。

6.6.12 本地控制器

6.6.12.1 作业内容包含本地控制器的运行状态检查,控制及采集功能检查。

6.6.12.2 作业流程应满足下列要求:
   a) 准备专用电脑、本地控制器管理软件;
   b) 使用软件检查本地控制器各功能板卡状态情况,查看运行状态是否正常,有无异常告警;
   c) 使用软件检查本地控制器输出、输入功能,交通信号灯、车道控制标志、隧道照明设施、隧道风机等设备是否可正常控制,相关设备反馈状态是否可正常采集。

6.6.13 隧道监控中心计算机控制系统

参见6.1.8 监控中心设备及系统。

6.6.14 隧道监控中心计算机网络

参见6.1.10 监控系统计算机网络。

6.6.15 隧道供配电设施

参见6.4 供配电设施。

6.6.16 给排水设施

6.6.16.1 作业内容包含给排水设施的运行状态检查。

6.6.16.2 作业流程应满足下列要求:
   a) 准备专用电脑、给排水监控管理软件;
   b) 使用软件检查设备状态,查看运行状态是否正常,是否能正常采集水位液压数据,有无异常告警。

7 定期巡检作业

7.1 监控设施

7.1.1 车辆检测器

7.1.1.1 作业应包含下列内容:
   a) 基础、立柱、外观、机箱内部及工作运行环境检查;
   b) 车辆检测器、数据处理单元运行参数检查。

7.1.1.2 作业流程应满足下列要求:
   a) 准备专用电脑、车辆检测器管理软件、万用表、电感表等工具;
   b) 检查车辆检测器工作运行环境、基础、立柱、机箱内部是否满足要求;
   c) 车辆检测器运行参数检查:
      1) 环形线圈车辆检测器,检测地感线圈电感值是否符合设计要求;
      2) 微波交通流检测器,检测雷达信号覆盖范围及灵敏度是否符合设计要求;
      3) 视频车辆检测器,检查视频侦测区域的偏移情况,检查视频清晰度情况,是否符合设计要求。

d) 检查数据处理单元运行情况,查看 CPU 占用情况、磁盘和内存占用情况、数据库使用状态,分析是否存在异常情况。

7.1.2 气象检测器

7.1.2.1 作业应包含下列内容:
a) 基础、立柱、外观、机箱内部及工作运行环境检查;
b) 气象检测器运行参数检查。

7.1.2.2 作业流程应满足下列要求:
a) 准备专用电脑、气象检测器管理软件、万用表等工具;
b) 检查气象检测器运行环境、基础、立柱、机箱内部是否满足要求;
c) 检查各传感器的安装角度偏移情况,是否符合设计要求;
d) 检测气象检测器的机械装置运转是否顺畅,光学部件是否清洁。

7.1.3 视频监控系统

7.1.3.1 作业应包含下列内容:
a) 基础、立柱、外观、机箱内部及工作运行环境检查;
b) 视频监控系统丢包率、图像性能检查;
c) 摄像机、视频编解码器、录像机等设备的运行性能检查。

7.1.3.2 作业流程应满足下列要求:
a) 准备专用电脑、视频监控软件、视频流解码播放工具软件、网络数据包抓取工具软件;
b) 监控摄像头运行环境、基础、立柱、机箱检查是否满足要求;
c) 检查视频流是否产生图像卡顿、丢帧现象,网络传输时延和丢包率是否符合设计要求;
d) 检查图像质量,主观评分是否符合设计要求;
e) 检查摄像机、视频编解码器、录像机等设备的 CPU、内存平均占用率是否符合要求,散热风扇是否正常运转,对告警数据进行统计和分析。

7.1.4 LED 可变标志

7.1.4.1 作业应包含下列内容:
a) 基础、立柱、外观、机箱内部及工作运行环境检查;
b) 显示内容功能检查;
c) 亮度调节功能检查;
d) 风扇等散热部件的运行状态检查。

7.1.4.2 作业流程应满足下列要求:
a) 准备专用电脑、可变标志后台管理软件、万用表;
b) 检查 LED 可变标志运行环境、基础、立柱、机箱是否满足要求;
c) 使用软件发布内容,检查发布内容是否能正确显示,是否完整清晰、不花屏;
d) 使用遮挡亮度传感器等方式模拟环境亮度变化,检查可变标志是否能够根据环境亮度自动调节亮度;
e) 检查风扇等散热部件是否工作正常,是否无异声、无异味。

7.1.5 视频交通事件检测器

7.1.5.1 作业应包含下列内容:
a) 基础、立柱、外观、机箱内部及工作运行环境检查;

b) 交通事件检测器运行参数检查；
c) 摄像机、视频服务器等设备的运行性能检查。

7.1.5.2 作业流程应满足下列要求：
a) 准备专用电脑、视频交通事件检测器管理软件；
b) 检查视频交通事件检测器运行环境、基础、立柱、机箱内部是否满足要求；
c) 检查视频侦测区域的偏移情况，是否偏离目标区域；
d) 检查视频清晰度情况，是否满足检测需求；
e) 检查处理服务器运行情况，检查 CPU 占用情况、磁盘和内存占用情况、数据库使用状态，分析系统日志，对告警数据进行统计和分析。

7.1.6 公路交通情况调查设备

7.1.6.1 作业应包含下列内容：
a) 基础、立柱、外观、机箱内部及工作运行环境检查；
b) 线圈外观检查；
c) 雷达信号、地感线圈、视频等检测单元性能检查；
d) 服务器性能检查。

7.1.6.2 作业流程应满足下列要求：
a) 准备专用电脑、公路交通情况调查设备管理软件；
b) 检查公路交通情况调查设备运行环境、基础、立柱、机箱内部是否满足要求；
c) 通过目测方式检查线圈(压电传感器、探头)外观，查看是否保护良好，是否裸露、歪斜；
d) 实车检测雷达信号、地感线圈、视频等检测单元性能情况，查看是否能正常统计、分析交通情况；
e) 检查服务器性能，检查 CPU 占用情况、磁盘和内存占用情况、数据库使用状态，分析系统日志，对告警数据进行统计和分析。

7.1.7 高清卡口

7.1.7.1 作业应包含下列内容：
a) 基础、立柱、外观、机箱内部及工作运行环境检查；
b) 车牌识别仪运行性能检查；
c) 服务器等设备的运行性能检查。

7.1.7.2 作业流程应满足下列要求：
a) 准备专用电脑、网线、视频交通事件检测器管理软件等工具；
b) 检查高清卡口运行环境、基础、立柱、机箱检查是否满足要求；
c) 检查视频车牌识别仪图像情况，图像是否清晰，成像区域是否符合车道抓拍需求；
d) 检查视频车牌识别仪车牌识别触发线的设置情况及相关参数设置，是否能正常触发抓拍，车辆捕捉率、车牌识别率是否符合设计要求；
e) 检查服务器运行情况，检查 CPU 占用情况、磁盘和内存占用情况、数据库使用状态，分析系统日志，对告警数据进行统计和分析。

7.1.8 监控中心设备及系统

7.1.8.1 作业应包含下列内容：
a) 设施外观及机箱内部检查；
b) 监控中心系统与外场设备通信轮询周期检查；

c) 系统工作状况监视功能检查；
d) 打印报表功能检查；
e) 服务器等设备的运行性能检查。

7.1.8.2 作业流程应满足下列要求：
a) 准备专用电脑、监控管理软件；
b) 检查外观、机箱内部是否符合要求；
c) 使用软件检查监控中心系统与外场设备通信轮询情况，查看数据是否按轮询周期进行刷新；
d) 使用软件检查系统工作状况监视功能，查看是否可以正确显示外场设备工作状态；
e) 使用软件检查监控中心系统打印功能，是否可以打印各种报表；
f) 检查服务器运行情况，检查CPU占用情况、磁盘和内存占用情况、数据库使用状态，是否符合设计要求，分析系统日志，对告警数据进行统计和分析。

7.1.9 大屏幕显示系统

7.1.9.1 作业应包含下列内容：
a) 设施外观及机箱内部检查；
b) 屏体外观检查；
c) 风扇等散热部件工作状态检查；
d) 大屏控制器运行状态检查。

7.1.9.2 作业流程应满足下列要求：
a) 准备专用电脑、大屏幕显示管理软件；
b) 检查外观、机箱内部是否符合要求；
c) 通过目测方式检查屏体外观，检查屏体是否完整无损伤，屏幕是否平整整洁；
d) 检查风扇等散热部件是否工作正常；
e) 通过软件检查大屏控制器资源占用情况是否符合设计要求；
f) 通过软件检查系统日志，查看服务器和操作系统的异常情况，分析系统日志，对告警数据进行统计和分析。

7.1.10 监控系统计算机网络

7.1.10.1 作业应包含下列内容：
a) 设施外观及机箱内部检查；
b) 网络链路传输速率、吞吐率、传输时延、丢包率检查；
c) 各业务交换路由设备各端口带宽占用率检查；
d) 各业务交换路由设备各端口误码率检查；
e) 环网保护自愈速度检查。

7.1.10.2 作业流程应满足下列要求：
a) 准备网管系统、网络综合测试仪、网络测试软件工具；
b) 检查外观、机箱内部是否符合要求；
c) 使用网管系统、网络综合测试仪、网络测试工具对网络链路传输速率、吞吐率、传输时延、丢包率进行检查，查看设备端口平均利用率是否在80%以下，交换路由设备各端口误码率是否满足设计要求，是否能承载业务的正常传输；
d) 检查环网保护自愈速度，备用链路自动切换时间，环网保护、备用链路自动切换性能是否符合设计要求。

7.1.11 监控系统软件

7.1.11.1 作业应包含下列内容：
a) 视频延时情况检查；
b) 发布功能检查；
c) 系统权限管理检查。

7.1.11.2 作业流程应满足下列要求：
a) 准备监控管理软件；
b) 使用软件检查视频延时情况，查看视频图像从前端到客户端的视频延迟时间是否满足设计要求；
c) 使用软件发布功能，将图片、文字等信息在指定的设备上进行显示，检查显示信息是否无误、清晰，响应时间是否小于 2 s；
d) 检查软件系统权限管理，监控系统软件是否设置了不同类别用户和权限，并启用了用户访问认证机制。

7.1.12 视频云

7.1.12.1 作业应包含下列内容：
a) 视频图像延迟情况检查；
b) 视频命名、字符叠加、标注时间等标注信息检查。

7.1.12.2 作业流程应满足下列要求：
a) 准备专用电脑、视频云后台管理软件；
b) 通过图像对比，检查视频图像的延迟时间是否满足设计要求；
c) 检查上传视频的命名、字符叠加、标注时间信息等信息是否正确。

7.1.13 雷达视频检测系统

7.1.13.1 作业应包含下列内容：
a) 设施工作运行环境、基础、立柱、外观及机箱内部检查；
b) 雷达视频检测系统运行参数检查；
c) 摄像机、雷达、视频服务器等设备的运行性能检查。

7.1.13.2 作业流程应满足下列要求：
a) 准备专用电脑、雷达视频检测系统管理软件；
b) 检查雷达视频检测系统运行环境、基础、立柱、机箱检查是否满足要求；
c) 通过实车检测雷达、视频检测单元性能情况；
d) 检查雷达、视频侦测区域的偏移情况，是否偏离目标区域；
e) 检查视频清晰度情况，是否满足检测需求；
f) 检查处理服务器运行情况，检查 CPU 占用情况、磁盘和内存占用情况、数据库使用状态，分析系统日志，对告警数据进行统计和分析。

7.2 通信设施

7.2.1 通信管道及光电缆线路

7.2.1.1 作业应包含下列内容：
a) 检查每个配线架及设备控制箱内光电缆布放情况，光电缆排列整齐、绑扎牢固、无破损、标识清楚；

b) 检查各人孔及井盖,井盖完整、托板托架无锈蚀、管线标识清晰;
c) 检查全路段检查直埋线路和管道,无裸露无损伤;
d) 检查全路段架空线路,立柱和线缆外观无锈蚀,无损伤。

7.2.1.2 作业流程应满足下列要求:
a) 准备配线架保安单元、备用井盖和备用标签、线缆扎带或固定装置等;
b) 检查每个配线架及设备控制箱内光电缆布放情况,检查补充损毁的保安单元;
c) 检查和修补各人孔及井盖、托板托架、标识;
d) 检查和修复全路段检查直埋线路和管道损伤;
e) 检查和修复全路段架空线路外观损伤。

7.2.2 光纤数字传输系统

7.2.2.1 作业应包含下列内容:
a) 检查网管系统安全管理功能,未经授权不能进入网管系统,并能对试图接入的申请进行监控;
b) 检查网管服务器运行情况,保证有充分的资源运行网管进程;
c) 检查资源占用情况,CPU 占用率≤60%,磁盘和内存占用率≤80%;
d) 检查数据库引擎,保证数据库引擎状态正常;
e) 同步网管和各设备时间,保证系统内各设施时间同步;
f) 检查系统日志,服务器和操作系统无未处理异常告警;
g) 对网管系统设备性能和告警数据进行检测、分析与统计,分析与统计告警数据,形成报告,并对异常情况进行转系统维护流程妥善处理:
  1) 戴好防静电腕带,备好酒精和脱脂棉;
  2) 手动进行保护倒换测试操作,保证在发生故障时备用链路能正常启用;
  3) 通过网管或仪表检查光功率和误码性能,保证承载业务传输的稳定性,接收光功率≥接收灵敏度＋线缆和设备富余度,发送光功率≥设备标称值±2 dB,电口误码率 BER≤1×10^{-11}。

7.2.2.2 作业流程应满足下列要求:
a) 准备光传输网管、光功率计、误码仪、防静电腕带、酒精、脱脂棉等;
b) 检查网管系统安全管理功能,对异常情况逐一分析处理;
c) 检查网管服务器运行情况,保证有充分的资源运行网管进程;
d) 通过光通信仪器和网管对传输设备和网管系统设备性能和告警数据进行检测、分析与统计,分析与统计告警数据,形成报告,并对异常情况进行转系统维护流程妥善处理。

7.2.3 固定电话交换系统

7.2.3.1 作业应包含下列内容:
a) 检查网管系统安全管理功能,未经授权不能进入网管系统,并对能试图接入的申请进行监控;
b) 检查网管服务器运行情况,保证有充分的资源运行网管进程:
  1) 检查资源占用情况,CUP 占用率≤60%,磁盘和内存占用率≤80%;
  2) 检查数据库引擎,保障数据库引擎状态正常;
  3) 检查系统日志,服务器和操作系统无未处理异常告警。
c) 通过网管系统对设备性能和告警数据进行测试、分析与统计:
  1) 检查程控交换业务交叉模块,清除未能及时释放的交换总线资源;
  2) 检查中继模块,保证中继线路无故障、无误码、无滑帧、无失步;
  3) 检查 R1、N7、V5.2、SIP 等信令处理模块,跟踪呼叫信令并保存跟踪记录,保证无异常握手信令出现;

4) 检查电话/传真/专线业务单板或模块,及时清理未释放的线路资源;
5) 戴好防静电腕带,利用测试话机和塞绳进行电话拨测,路段内各站互相拨测正常,路段出局入局电话拨测正常。

7.2.3.2 作业流程应满足下列要求:
a) 准备程控交换网管、测试话机、塞绳、防静电腕带;
b) 检查网管系统安全管理功能,检查有无异常情况;
c) 检查网管服务器运行情况,保证有充足的资源运行网管进程;
d) 通过电话拨测工具和网管系统对设备性能和告警数据进行测试、分析与统计。

7.2.4 广播系统

7.2.4.1 作业应包含下列内容:
a) 检查外场设备部件,部件完整,无缺损;
b) 检查外场设备防雷和接地部件;
c) 检查外场设备绝缘电阻,强电端子对机壳绝缘符合要求;
d) 检查外场设备工作运行环境,清理影响设备正常工作的环境因素,保证设备安装地点无水淹、土埋、冰冻、滑坡、障碍物和异物砸落等情况,无影响设备正常运行的电磁环境,如新增高压线路等;
e) 检查外场设备及支撑件,保证支撑件垂直稳固,保证设备清洁度和密封性,无老化、锈蚀、积水、污垢和杂物;
f) 广播系统播放测试,广播系统可播放音频。

7.2.4.2 作业流程应满足下列要求:
a) 准备分贝计、声级计、吊垂线、垂直度测量仪、兆欧表、地阻仪、场强仪、电磁波检测仪等;
b) 检查外场设备部件,检查有无异常情况;
c) 使用地阻仪检查外场设备防雷和接地部件有无缺损,保护地阻、防雷地阻是否符合要求;
d) 使用兆欧表检查外场设备绝缘电阻;
e) 使用分贝计、场强仪等检查外场设备的噪声、电磁和其他外部环境;
f) 使用吊垂线、垂直度测量仪等检查外场设备和支撑件,检查是否偏移;
g) 紧急电话和广播系统播放测试。

7.2.5 以太网网络平台系统

7.2.5.1 作业应包含下列内容:
a) 检查网管系统安全管理功能,未经授权不能进入网管系统,并能对试图接入的申请进行监控;
b) 通过网管系统或远程工具对设备性能和告警数据进行分析与统计:
1) 手动进行保护倒换操作,保证在发生故障时备用链路能正常启用;
2) 检查各业务交换路由设备各端口带宽占用率,保证设备端口平均利用率≤80%;
3) 检查以太网环路保护协议运行,保证业务无环路广播风暴;
4) 检查核对单播路由,保证IP(Internet Protocol)单播业务传输稳定,检查清理无效的路由条目;
5) 检查MAC(Media Access Control)地址转发过滤表FDB,检查清理无效的FDB转发条目;
6) 检查二层组播过滤情况和IP组播路由,杜绝二层组播变广播,监察清除无效的IP组播路由;
7) 利用测试工具/仪器检测各收费站和管理中心之间端到端的网络吞吐量/延时/抖动/丢包率等性能,吞吐量符合设计要求,网络时延符合设计要求或≤100 ms,抖动≤50 ms,

70%负荷时丢包率≤0.01%。

7.2.5.2 作业流程应满足下列要求：
a) 准备交换路由等数据通信设备网管、网络测试软件工具和测试仪器；
b) 检查网管系统安全管理功能，未经授权不能进入网管系统，并对试图接入的申请进行监控；
c) 通过网管系统、网络测试工具或网络测试仪器对设备性能和告警数据进行分析与统计。

7.2.6 通信电源

7.2.6.1 作业应包含下列内容：
a) 检查通信电源报警功能；
b) 输出电压电流检查，利用工作电压、电流和功率，保证参数指标符合要求；
c) 检查系统管理功能，实现本地或远端可实现遥测、遥控和遥信的集中管理；
d) 弱电带电作业时，应佩戴防静电腕带及采取其他防静电措施；
e) 强电带电作业时，应严格做好绝缘与防护措施；
f) 需要临时用电作业时，应严格按照施工现场临时用电安全技术规范操作，严禁违规作业。

7.2.6.2 作业流程应满足下列要求：
a) 准备通信电源设备网管、万用表、电功率计、互感器、电流表等；
b) 检查通信电源报警功能，出现不正常状态时，机房内可视、可听报警显示；
c) 通过电气仪表进行输出电压电流检查，查看参数是否符合使用要求；
d) 检查通信电源网管系统管理功能。

7.2.7 波分复用传输系统

7.2.7.1 作业应包含下列内容：
a) 检查网管系统安全管理功能，未经授权不能进入网管系统，并能对试图接入的申请进行监控；
b) 手动进行保护倒换操作，保证在发生故障时备用链路能正常启用；
c) 通过网管系统对设备性能和告警数据进行分析与统计：
   1) 检查网管和各设备时间时钟同步，发现异常及时通告业主处理；
   2) 通过网管检查光功率和误码性能，符合设计要求，保证承载业务传输的稳定性；
   3) 检查设备单板和模块运行状态，保证各业务模块正常有效运行。

7.2.7.2 作业流程应满足下列要求：
a) 准备传输骨干网网管（远程）；
b) 检查网管系统安全管理功能，未经授权不能进入网管系统，并对试图接入的申请进行监控；
c) 通过网管系统对设备性能和告警数据进行分析与统计。

7.3 收费设施

7.3.1 ETC专用车道设施

7.3.1.1 作业应包含下列内容：
a) 设备工作运行环境检查；
b) 交易处理检查：
   1) 出、入口车道处理逻辑；
   2) ETC交易失败转人工处理逻辑。
c) 出口车道对省内计费模块和参数加载，调用模块和参数进行计费处理功能；
d) 车道调用状态名单、追缴名单等进行判别的功能；

e) 收费终端显示器、费额显示器及信号灯、雾灯、报警灯检查；
f) 支撑立柱检查；
g) 机箱外观检查；
h) 路侧单元(RSU)检查；
i) 车牌识别功能检查；
j) 设备完整性检查。

7.3.1.2 作业流程应满足下列要求：
a) 准备专用电脑、网线、串口线、移动存储介质、内六角、扳手、螺丝刀、万用表、欧姆表等；
b) 检查设备完整性、设备工作运行环境、支撑立柱、机箱外观、接地连接等，检查是否正常；
c) 检查车道LED指示灯功能是否正常；
d) 检查天线、天线控制器、天线立柱外观是否正常，是否可以正常交易车辆，天线方向、角度是否正常，投射区域、功率是否合适正常，手持OBU测量天线信号覆盖范围是否合适；
e) 检查栏杆机外观，发送抬降杆命令，测试防砸功能；
f) 检查线圈及线圈引线所在水泥路面的完整性，检查环氧树脂及线缆的完好性，检查线圈检测车辆的功能是否满足要求；
g) 检查车牌识别仪支撑立柱及外壳是否正常，识别仪参数是否设置正确，抓拍、触发、闪光灯等功能是否正常工作，车牌识别角度是否正常，识别率要求是否符合；
h) 检查费额显示器外观、显示字体、通行信号灯、报警灯和雾灯功能是否正常；
i) 检查工控机外观、各卡板、接口通信工作状态，检查磁盘空间占用情况；
j) 检查车道控制器外观，检查控制栏杆机、费额显示器和声光报警器的功能；
k) 检查读卡器、票据打印机、移动支付终端等工作状态。

7.3.2 ETC/MTC混合车道设施

7.3.2.1 作业应包含下列内容：
a) 设备工作运行环境检查；
b) 交易处理检查：
  1) 出、入口车道处理逻辑；
  2) ETC交易失败转人工处理逻辑。
c) 出口车道对省内计费模块和参数加载，调用模块和参数进行计费处理功能；
d) 车道调用状态名单、追缴名单等进行判别的功能；
e) 收费终端显示器、费额显示器及信号灯、雾灯、报警灯检查；
f) 支撑立柱检查；
g) 机箱外观检查；
h) 路侧单元(RSU)检查；
i) 车牌识别功能检查；
j) 设备完整性检查。

7.3.2.2 作业流程应满足下列要求：
a) 准备专用电脑、网线、串口线、移动存储介质、内六角、扳手、螺丝刀、万用表、欧姆表等；
b) 检查设备完整性、设备工作运行环境、支撑立柱、机箱外观、接地连接等；
c) 检查车道LED指示灯功能是否正常；
d) 检查天线、天线控制器、天线立柱外观是否正常，是否可以正常交易车辆，天线方向、角度是否正常，投射区域、功率是否合适正常，手持OBU测量天线信号覆盖范围是否合适；
e) 检查栏杆机外观，发送抬降杆命令，测试防砸功能；

f) 检查线圈及线圈引线所在水泥路面的完整性,检查环氧树脂及线缆的完好性,检查线圈检测车辆的功能性;
g) 检查车牌识别仪支撑立柱及外壳是否正常,识别仪参数是否设置正确,抓拍、触发、闪光灯等功能是否正常工作,车牌识别角度是否正常,识别率要求是否符合;
h) 检查费额显示器外观、显示字体、通行信号灯、报警灯和雾灯功能是否正常;
i) 检查工控机外观、各卡板、接口通信工作状态,检查磁盘空间占用情况;
j) 检查车道控制器外观,检查控制栏杆机、费额显示器和声光报警器的功能;
k) 检查读卡器、票据打印机、移动支付终端等工作状态。

7.3.3 自助终端设施

7.3.3.1 作业应包含下列内容:
a) 检查出、入口车道处理逻辑;
b) 检查计费处理功能,出口车道对省内计费模块和参数正常加载,调用模块和参数进行计费处理正常;
c) 检查名单判别功能,车道调用状态名单、追缴名单等,检查收费终端显示器、信号灯及费额显示器外观及功能;
d) 检查设备工作运行环境;
e) 检查支撑立柱;
f) 检查机箱外观,清洁、防腐层无大面积剥落、锈蚀,检查密封性;
g) 检查信号灯视认性能,在正向光或逆向光两方向都应保持清晰可见;
h) 路侧单元(RSU)检查,符合设计要求或运营管理需求;
i) 车牌识别功能检查,符合设计要求或运营管理需求。

7.3.3.2 作业流程应满足下列要求:
a) 准备专用电脑、网线、串口线、移动存储介质、内六角、扳手、螺丝刀、万用表、欧姆表等;
b) 通过监控软件或远程登录智能网联节点终端网页,查看动环状态、告警信息;
c) 检查设备完整性、设备工作运行环境、支撑立柱、机箱外观、接地连接等;
d) 检查车道 LED 指示灯功能是否正常;
e) 检查天线、天线控制器、天线立柱外观是否正常,是否可以正常交易车辆,天线方向、角度是否正常,投射区域、功率是否合适正常,手持 OBU 测量天线信号覆盖范围是否合适;
f) 检查栏杆机外观,发送抬降杆命令,测试防砸功能;
g) 检查线圈及线圈引线所在水泥路面的完整性,检查环氧树脂及线缆的完好性,检查线圈检测车辆的功能性;
h) 检查车牌识别仪支撑立柱及外壳是否正常,检查识别仪参数是否设置正确,触发、抓拍、闪光等功能是否正常工作;
i) 检查费额显示器外观、显示字体、通行信号灯、报警灯和雾灯功能;
j) 检查工控机外观、各卡板、接口通信工作状态,检查磁盘空间占用情况;
k) 检查车道控制器外观,检查控制栏杆机、费额显示器和声光报警器的功能;
l) 检查读卡器、票据打印机、移动支付终端等工作状态。

7.3.4 ETC 门架系统

7.3.4.1 作业应包含下列内容:
a) 检查交易处理逻辑:
 1) ETC、CPC(Cost Per Clikc)计费处理逻辑正常;

2) ETC 的 0 元计费处理正常；
3) 对计费模块和参数加载正常，调用模块和参数进行计费处理正常。

b) 门架工控机检查，工作正常，系统盘容量占有量不超过 80%，软件所在盘容量占用不超过 80%；
c) CPU 占有率不超过 80%；
d) 路侧单元（RSU）检查，符合设计要求或运营管理需求；
e) 车牌识别设备检查，设备状态正常，车牌识别角度正常，识别率正常；
f) 去重服务器检查，CPU 峰值≤60%，内存峰值≤70%，磁盘空间使用率≤80%；
g) 北斗授时服务器硬件设备无异常告警，工作正常；
h) PSAM 授权服务器检查，硬件设备无异常告警，工作正常；
i) 供电设备检查，使用中配电设备状态正常，后备电源状态正常；
j) 远程监控功能检查，远程查看路段各门架的运行状态和标识成功率；
k) 防雷接地系统检查，智能防雷系统工作正常，接地装置工作正常。

7.3.4.2 作业流程应满足下列要求：
a) 准备专用电脑、网线、串口线、移动存储介质、SSH 客户端、内六角、扳手、螺丝刀、万用表、欧姆表等；
b) 检查门架立柱、机柜外观整洁情况与防腐层完好情况；
c) 检查 RSU 天线、车牌图像识别设备、高清摄像机、补光灯等安装角度是否满足使用要求，检查门架立柱是否牢固；
d) 检查机柜门锁完好无破坏痕迹，机柜监控摄像头外观完好，保持安装时角度，供电线路完好；
e) 通过 shell 命令检查车道控制器内存、硬盘使用和健康情况，通过在现场轮流重启主备车道控制器，检查收费软件的自我恢复、主备切换、数据存储重传功能运行情况，排查异常情况；
f) 通过 shell 命令检查门架后台服务器内存、磁盘阵列、物理硬盘使用和健康情况，通过人为断网检查收费软件的自我恢复、数据存储重传功能运行情况；
g) 查看供配电、防雷接地等模块运行情况，有无异常报警。

7.3.5 有线对讲和紧急报警系统

7.3.5.1 作业应包含下列内容：
a) 对讲系统及辅助设备外观完整性检查，位置摆放合理，方便使用，标识完整清楚，功能正常；
b) 对讲设备及报警器检查，对讲设备及报警器外观应保持清洁，无灰尘污渍，功能正常。

7.3.5.2 作业流程应满足下列要求：
a) 准备有线对讲主机；
b) 巡检人员现场检查系统和设备的外观和保洁情况，实施主机全呼分机、主机单呼某个分机、分机呼叫主机等操作。

7.3.6 收费站设备

7.3.6.1 作业应包含下列内容：
a) 计算机及辅助设备外观完整性检查，机箱完整，机柜牢固整洁，无明显歪斜，接线标识完整清楚；
b) 显示器屏幕及控制设备检查，屏幕、键盘及设备外观应保持清洁，无灰尘污渍；
c) 原始数据功能检查，通过专用服务器和收费管理计算机可查询、统计原始数据；
d) 图像稽查功能检查，可稽查所有出入口车道车辆图像；
e) 打印报表功能检查，可通过收费站管理计算机打印各种报表；

f) 查看费率表功能检查,可通过收费管理计算机查看费率表;
g) 字符叠加功能检查,在监视器上可观察到信息;
h) 断网试验的数据上传检查,与收费中心计算机通信故障时,数据可存储在移动存储器上并可在收费中心计算机上恢复;
i) 录像功能检查,收费中心(站)内硬盘录像机、视频服务器等能对车道摄像机、亭内摄像机、广场摄像机进行实时录像,录像保存时间至少 30 d;
j) 事件报表打印功能检查,可查看入口、出口车道特殊处理明细表并打印;
k) 与车道数据的通信功能(仅收费站)检查,专用服务器在不同模式下可和车道控制机交换规定的信息,数据传输准确;
l) 与收费中心的通信功能(仅收费站)检查,可以和收费中心交换规定的数据,数据传输准确;
m) 对收费车道的实时监控功能(仅收费站)检查,收费站管理计算机可查看车道最后一辆车处理信息及车道状态、操作员信息,监视计算机可监视、显示车道设备及操作情况;
n) 主监视器切换显示各车道及收费亭摄像机功能(仅收费站)检查,监视计算机可切换显示各车道及收费亭录像机;
o) 应用服务器检查,CPU 峰值≤60%,内存峰值≤70%,磁盘空间使用率≤80%;
p) 北斗授时服务器检查,硬件设备无异常告警,工作正常;
q) PSAM 授权服务器检查,硬件设备无异常告警,工作正常;
r) 供电设备检查,使用中配电设备状态正常,后备电源状态正常。

7.3.6.2 作业流程应满足下列要求:
a) 准备专用电脑、网线、串口线、移动存储介质、内六角、扳手、螺丝刀、万用表、欧姆表等;
b) 检查设备完整性、设备工作运行环境状态、机箱外观、接头连接、电源设备等情况;
c) 检查各设备之间通信传输的情况;
d) 通过收费管理计算机查询查看费率表,检查图像稽查、打印报表等功能是否正常,在监视器上观察字符叠加显示情况;
e) 检查在通信故障时,数据能否通过收费中心计算机在移动存储器上恢复;
f) 检查专用服务器在不同模式下与车道控制机交换规定信息的情况;
g) 检查主监视器能否正常切换显示各车道及收费亭摄像机。

7.3.7 收费中心设备

7.3.7.1 作业应包含下列内容:
a) 计算机及辅助设备外观完整性检查,机箱完整,机柜牢固整洁,无明显歪斜,接线标识完整清楚;
b) 显示器屏幕及控制设备检查,屏幕、键盘及设备外观应保持清洁,无灰尘污渍;
c) 原始数据功能检查,通过专用服务器和收费管理计算机可查询、统计原始数据;
d) 图像稽查功能检查,可稽查所有出入口车道车辆图像;
e) 打印报表功能检查,可通过收费站管理计算机打印各种报表;
f) 查看费率表功能检查,可通过收费管理计算机查看费率表;
g) 字符叠加功能检查,在监视器上可观察到信息;
h) 断网试验的数据上传检查,与收费中心计算机通信故障时,数据可存储在移动存储器上并可在收费中心计算机上恢复;
i) 录像功能检查,收费中心(站)内硬盘录像机、视频服务器等能对车道摄像机、亭内摄像机、广场摄像机进行实时录像,录像保存时间至少 30 d;
j) 事件报表打印功能检查,可查看入口、出口车道特殊处理明细表并打印;

k) 与收费站的数据传输功能(仅收费中心)检查,定时或实时轮询各收费站的数据;
l) 应用服务器检查,CPU峰值≤60%,内存峰值≤70%,磁盘空间使用率≤80%;
m) 北斗授时服务器检查,硬件设备无异常告警,工作正常;
n) PSAM授权服务器检查,硬件设备无异常告警,工作正常;
o) 供电设备检查,使用中配电设备状态正常,后备电源状态正常。

7.3.7.2 作业流程应满足下列要求:
a) 准备专用电脑、网线、串口线、移动存储介质、内六角、扳手、螺丝刀、万用表、欧姆表等;
b) 检查设备完整性、设备工作运行环境状态、机箱外观、接头连接、电源设备等情况;
c) 检查各设备之间通信传输的情况;
d) 通过收费管理计算机查询查看费率表,检查图像稽查、打印报表等功能是否正常,在监视器上观察字符叠加显示情况;
e) 检查在通信故障时,数据能否通过收费中心计算机在移动存储器上恢复;
f) 检查专用服务器在不同模式下与车道控制机交换规定信息的情况;
g) 检查主监视器能否正常切换显示各车道及收费亭摄像机。

7.3.8 视频监控系统

参见7.1.3 视频监控系统。

7.3.9 收费系统计算机网络

7.3.9.1 作业应包含下列内容:
a) 收费系统数据传输方向都配备了主、备两条链路,其中:
  1) 收费站与路段中心之间主用链路为路段通信传输网,备用链路是营运商 MPLS VPN 专线;
  2) 收费站与省中心之间主用链路为路段通信传输网至广东省收费公路通信骨干网(下称骨干网),备用链路为营运商专线;
  3) 收费站与部中心之间主用链路为营运商专线,备用链路为4G物联网;
  4) 路段中心与省中心之间主用链路为广东省收费公路通信骨干网,备用链路为营运商专线。
b) 收费系统数据链路切换测试:
  1) 收费站-路段中心主备通信链路切换测试;
  2) 收费站-省中心主备通信链路切换测试;
  3) 收费站-部中心主备通信链路切换测试;
  4) 路段中心-省中心主备通信链路切换测试。

7.3.9.2 作业流程应满足下列要求:
a) 准备专用电脑、网线、串口线、移动存储介质、软件工具;
b) 收费站-路段中心主备切换测试,断开收费站的营运商专线,使用收费站防火墙测试是否连通超融合服务器,接回营运商专线,断开收费站至路段中心的光纤网,再次测试收费站防火墙与超融合服务器的连通性,主备链路切换过程要求不超过1 min;
c) 收费站-省中心主备切换测试,断开收费站的营运商专线,使用收费站防火墙测试是否连通省中心站省直传服务,接回营运商专线,断开收费站至路段中心的光纤网,再次测试收费站防火墙与省中心站省直传服务的连通性,主备链路切换过程要求不超过1 min;
d) 收费站-部中心主备切换测试,断开收费站的4G物联网,使用收费站防火墙测试是否连通部站直传服务,接回4G物联网,断开收费站的营运商专线,再次测试收费站防火墙与部站直传服

务的连通性,主备链路切换过程要求不超过 1 min;
e) 路段中心-省中心主备切换测试,断开路段中心的营运商专线,使用路段中心边界防火墙测试是否连通省联网中心服务,接回营运商专线,断开路段中心的骨干网,再次测试路段中心边界防火墙与省联网中心服务的连通性,主备链路切换过程要求不超过 1 min;
f) 检查设备各种指示灯是否正确,设备状态显示是否正常。

7.3.10 超限检测系统

7.3.10.1 作业应包含下列内容:
a) 支撑立柱检查:
   1) 无明显歪斜;
   2) 外部清洁,无车辆溅落物等污渍及寄生动物巢穴;
   3) 防腐层无大面积剥落、锈蚀。
b) 机壳外观检查:
   1) 机壳外部清洁,无溅落物等污渍及寄生动物巢穴;
   2) 内外表面防腐层无大面积剥落、锈蚀;
   3) 门锁不锈蚀、开启灵活;
   4) 机箱底部无明显泥土及水渍。
c) 系统外观完整性检查,计重及超限检测系统支撑稳固,无明显歪斜,其余设备无明显外观缺陷;
d) 计重车道控制器等系统线缆检查,通信线、电源线等连接牢固、正确;
e) 通信信号灯等显示屏的视认性能检查,在正向光或逆向光两方向都应保持清晰可见。

7.3.10.2 作业流程应满足下列要求:
a) 准备专用电脑、网线、串口线、移动存储介质、内六角、扳手、螺丝刀、万用表、欧姆表等;
b) 检查支撑立柱、外观是否正常;
c) 检查通信线、电源线等是否连接牢固、正确;
d) 检查通行信号灯是否保持清晰可见。

7.3.11 绿色通道快速检测系统

7.3.11.1 作业应包含下列内容:
a) 红外车辆分离器检查,工作正常,车辆分离正常;
b) 设备运行状态、通信状态检查,各指示灯状态正常,设备通信正常,X 光成像图片正常传输客户终端显示器显示,成像效果清晰;
c) 工控机检查,内部整洁,硬盘空间充足,各板卡、通信接口、VGA 等接口稳固、通信正常;
d) 控制柜检查:
   1) 钢板面油漆无脱落,无生锈;
   2) 内部无明显灰尘,裸露金属基体无锈蚀;
   3) 三级安全防护;
   4) 外壳防护等级 IP65。
e) 自动栏杆检查:
   1) 能正常控制起降杆;
   2) 外壳完好、状态正常。
f) 快检软件系统检查,正常运行,各功能模块正常使用,正常显示容积率;
g) 警示灯检查,工作状态正常。

7.3.11.2 作业流程应满足下列要求：
a) 准备专用电脑、网线、串口线、移动存储介质、内六角、扳手、螺丝刀、万用表、欧姆表等；
b) 检查各系统软、硬件是否状态正常，成像效果是否正常显示在客户端显示器且清晰；
c) 检查红外车辆分离器是否正常工作；
d) 检查 X 光源指示灯、技术指标检测是否正常。

7.4 供配电设施

7.4.1 电力电缆

7.4.1.1 作业应包含下列内容：
a) 配电所的电缆沟、隧道、电缆井、电缆架及电缆线段等的巡查；
b) 隧道中以及沿桥梁架设的电缆，每季度巡查一次；
c) 电缆竖井内的电缆，每半年至少巡查一次。

7.4.1.2 作业流程应满足下列要求：
a) 准备万用表、螺丝刀、电工胶布、绝缘工器具、铁笔、接地棒、兆欧表、接地电阻测试仪；
b) 对敷设在地下的每一电缆线路，应查看路面是否正常，有无挖掘痕迹及路线标桩是否完整无缺；
c) 电缆线路上不应堆置瓦砾、矿渣、建筑材料、笨重物件、酸碱性排泄物或砌堆石灰坑等；
d) 对于通过桥梁的电缆，应检查桥梁两端电缆是否拖拉过紧，保护管或槽有无脱开或锈蚀现象；
e) 对于电缆的备用排管应该用专用工具疏通，检查其有无断裂现象；
f) 人井内电缆铠装在排管口及挂钩处，不应有磨损现象，需检查衬垫是否失落和完好；
g) 安装有保护器的单芯电缆，在通过短路电流后，或每年至少检查护层保护器有无击穿或烧熔现象；
h) 对户外与架空线连接的电缆和终端头应检查终端头是否完整，引出线的接点有无发热现象。

7.4.2 中压配电设备

7.4.2.1 作业应包含下列内容：
a) 开关柜屏上指示灯、带电显示器指示应正常，操作方式选择开关、机械操作把手投切位置应正确，控制电源及电压回路电源分合闸指示正确；
b) 分、合闸位置指示器与实际运行方式相符；
c) 屏面表计、继电器工作应正常，无异声、异味及过热现象，操作方式切换开关正常在"远控"位置；
d) 柜内照明正常，通过观察窗观察柜内设备应正常，绝缘子应完好，无破损；
e) 柜内应无放电声、异味和不均匀的机械噪声，柜体温升正常；
f) 柜体、母线槽应无过热、变形、下沉，各封闭板螺丝应齐全，无松动、锈蚀，接地应牢固；
g) 真空断路器灭弧室应无漏气，灭弧室内屏蔽罩如为玻璃材料的表面应呈金黄色光泽，无氧化发黑迹象，SF6 断路器气体压力应正常，瓷质部分及绝缘隔板应完好，无闪络放电痕迹，接头及断路器无发热，对于无法直接进行测温的封闭式开关柜，巡查时可用手触摸各开关柜的柜体，以确认开关柜发热正常；
h) 断路器操作结构应完好，直流接触器无积尘，二次端子无锈蚀。

7.4.2.2 作业流程应满足下列要求：
a) 准备万用表、绝缘工器具、螺丝刀、电工胶布、胶钳、砂纸、兆欧表、接地电阻测试仪等；
b) 进入配电房时要穿戴好各种绝缘装备（绝缘胶鞋、手套、安全帽等）；

c) 观察配电房的各种仪表及开关,确认准确无误后方可进行配电柜的操作(送电及断电):
   1) 送电的操作:从进线端开始到出线端依次合闸,要严格按照配电柜上标明的操作规程来进行合闸,若配电柜上没有明确指示,那就必须按照专业人员的指引来一步一步地进行操作(要求用操作手柄来进行作业);
   2) 断电的操作:断电的操作是送电的逆反顺序,从出线端开始断电,然后一步一步地到进线柜。

7.4.3 电力变压器

7.4.3.1 作业应包含下列内容:
a) 变压器箱壳发热正常,外壳接地线以及铁芯经套管接地引下线完好;
b) 净油器及其他油保护装置的工作状况正常,有载分接开关的动作情况正常,三个月取一次油样进行试验分析;
c) 吸湿器内的干燥有效呼吸畅通,标志和相色应清楚明显;
d) 消防设施齐全、完好,变压器储油池内无积水、脏杂物;
e) 处于运行或停运的变压器每年例行维护一次,停止运行的变压器在投入使用前增加维护一次。

7.4.3.2 作业流程应满足下列要求:
a) 准备万用表、绝缘工器具、螺丝刀、电工胶布、胶钳、砂纸、兆欧表、接地电阻测试仪等;
b) 断开待维护变压器的高压侧断路器,并悬挂相应标示牌;
c) 断开变压器高压侧的负荷开关,确认在断开位置后合上接地开关,并悬挂相应标示牌;
d) 进入变压器室,首先应用高压验电器确认该台变压器是否在停电状态,然后检查外壳,瓷瓶及引线有无变形现象,有破损应及时更换;
e) 重新紧固引线端子、销子、接地螺丝、进入线螺丝,如有松动,应拆下螺丝用细平锉轻锉接触面,用手触摸无任何凹凸不平的感觉后,用干净的布条擦去灰尘,抹上凡士林,换上新的弹簧垫圈,紧固螺丝;
f) 检查变压器周边照明、散热、除尘设备是否完好,并用干净的抹布擦去变压器及瓷瓶上的灰尘;
g) 检查变压器高压侧负荷开关,确保操作灵活、接触良好,促动部分进行润滑处理;
h) 用 2 500 V 的摇表测量变压器高低压侧对地和相间绝缘阻值,确认符合要求(在室温 30℃时, 10 kV 变压器高压侧大于 20 MΩ,低压侧大于 13 MΩ),在测试前接好接地线,测试完毕后,应进行放电。

7.4.4 低压配电设备

7.4.4.1 作业应包含下列内容:
a) 主电路(铜排母线)、分路的刀开关、断路器连接部位固定螺丝,与仪表指示正确对应;
b) 输出线路中各部位连接点无过热变色等现象;
c) 在运行中三相负荷平衡、三相电压相同,检查负载电压降未超出规定;
d) 配电柜和电器内部无异声、异味;
e) 带灭弧罩的断路器,三相灭弧罩完整无缺;
f) 检查断路器、电磁铁芯吸合正常,无线圈过热或噪声过大;
g) 母线绝缘夹无损伤和歪斜,母线夹固定螺丝无松脱;
h) 配电柜电器的表面清洁,接地连接良好;
i) 配电房各处门、窗完好,配电柜门完整,雨天屋顶无渗漏水现象。

7.4.4.2 作业流程应满足下列要求：
a) 准备万用表、绝缘工器具、螺丝刀、电工胶布、胶钳、砂纸、兆欧表、接地电阻测试仪等；
b) 低压配电设备养护前一天，应通知各回路用户拟停电的起止时间；
c) 先停掉待维护配电柜供电母线的全部负荷，断开该母线变压器高压侧负荷开关，检查确认无电后，用 25 mm² 的导线通过电阻对电容柜的电容器对地放电后，挂上接地线和标识牌；
d) 检查母线接头有无变形，有无放电的痕迹，紧固连接螺丝确保连接紧密，母线接头处有脏污时应清除，螺母有锈蚀现象应更换；
e) 检查配电柜中各种开关，取下灭弧罩，检查触头表面，若有麻点，可用平锉擦平接触面并保持触头原有形状，若烧伤面积超过 1 mm²，则应更换触头，紧固进出线螺丝，用高压空气清洁柜内尘土，检查试验操动机构的分合闸情况。

7.4.5 电源设备

7.4.5.1 作业应包含下列内容：
a) UPS(Uninterruptible Power System)主机要每三个月定期进行放电，放电时间按电池的配比时间的 30%～40%来计算；
b) 检查主机、电池及配电部分引线及端子的接触情况，检查馈电母线、电缆及软连接头等各连接部位的连接可靠，并测量压降和温升；
c) 检查 UPS 各主要模块和风扇电机的运行温度；
d) 记录 UPS 控制面板中的各项运行参数，特别是电池自检参数。

7.4.5.2 作业流程应满足下列要求：
a) 准备万用表、绝缘工器具、兆欧表、接地电阻测试仪等；
b) 检查控制面板运行状态 LED 指示是否正常；
c) 检查液晶屏参数显示值是否正常；
d) 检查开关有无异常跳闸；
e) 耳听机组有无异常噪声，检视风扇运行是否正常；
f) 测量输入输出、充电电压和电流，与以往无明显差别；
g) 机组清洁无尘；
h) 检查电缆连接处有无松动和腐蚀；
i) 检查电池壳体有无渗漏和变形。

7.4.6 风/光供电设备

7.4.6.1 作业应包含下列内容：
a) 电池板表面清洁无刮伤裂纹，采光区域无遮挡物；
b) 金属支架及紧固件无松动变形或腐蚀损坏；
c) 极板引线无松脱，线缆表面绝缘完好；
d) 指示灯、显示屏、故障报警装置运行正常与实际工况相符；
e) 输出电压满足蓄电池充电要求；
f) 电池连接端紧固无松动，无过热腐蚀，电池壳体无渗漏和变形，极柱、安全阀无爬霜现象；
g) 输入输出电压正常，各仪表和指示灯指示正常，各部分接线牢固无松动，运行无异响和异味。

7.4.6.2 作业流程应满足下列要求：
a) 准备万用表、绝缘工器具、兆欧表、接地电阻测试仪等；
b) 检查电池组件的封装和接线接头有无开胶进水、电池变色、插头松动、腐蚀等问题，如有问题及时处理；

c) 采光面用清水冲洗用布擦干,保持干净无尘,面板朝向角度符合季节变化,输出直流电压大于 14 V;
d) 检查太阳能阵列和负载最大电流有无超过控制器额定电流,确定控制器功能和发光二极管指示器正确;
e) 检查逆变器功率模块有无击穿炸裂情况,检查电容有无变色异味,检查输入输出端子有无过热,检查逆变器风扇工作是否良好,接地可靠。

7.4.7 电动汽车供电设备

7.4.7.1 作业应包含下列内容:
a) 柜(箱)体、油漆清洁无损,编号清晰;
b) 各标识牌、铭牌齐全、牢固;
c) 各仪表、按钮、指示灯、切换开关清洁无破损,标识清晰,牢固可靠;
d) 绝缘瓷柱、绝缘支撑柄完好无破损,无放电痕迹及脏污现象;
e) 各低压电器连接良好可靠,无热熔现象,各紧固件无松脱;
f) 操动机构和联闭锁装置的机械及电气部分完好可靠,操作灵活轻便,摇把等工具齐备;
g) 配电室通风、照明、安全防火装置完好,门窗闭合。

7.4.7.2 作业流程应满足下列要求:
a) 准备万用表、绝缘工器具、兆欧表、接地电阻测试仪等;
b) 充电设施外部检查:
  1) 根据充电桩正常运行时的声音判断充电桩是否正常;
  2) 充电桩表面有无温度过高现象;
  3) 按下充电桩内部断路器漏电测试按钮,断路器是否自动断开。
c) 充电车位环境检查:
  1) 车位清洁情况,应无杂物,照明情况是否良好,应急照明是否正常;
  2) 充电车位消防设施齐全。
d) 充电桩桩体检查:
  1) 基座是否有损坏、晃动现象,充电桩固定螺母是否缺失或松动;
  2) 充电桩连接电缆是否正常,充电桩供电及通信管道桥架应连接牢固,无断裂情况;
  3) 桩身外壳无破损、变形、生锈、漏水;
  4) 充电桩显示屏完好,信息正常;
  5) 充电桩地网连接可靠,接地电阻应符合标准规定值。
e) 内部组件检查:
  1) 线缆有无损坏、脱落;
  2) 继路器的漏电保护按钮应正常;
  3) 进线接线端子和通信接线端子应无松动。
f) 功能检测:
  1) 充电桩各种电功能正常,电压、电流输出应合理,不存在漏电、充电不正常现象;
  2) 充电桩与后台服务器通信正常,检查后台数据与充电桩运行数据进行对比;
  3) 刷卡功能是否正常;
  4) 充电桩电气回路对地及回路间的绝缘电阻应满足标准规定值;
  5) 控制电路板、元器件无老化现象。

7.4.8 电力监控

7.4.8.1 作业应包含下列内容:

a) 检查通信机房布线,做到电源线和通信线缆隔离;
b) 检查网络入侵防范设备,检测端口扫描、强力攻击、木马后门攻击、拒绝服务攻击、缓冲区溢出攻击、IP碎片攻击、网络蠕虫攻击等攻击行为。

7.4.8.2 作业流程应满足下列要求:
a) 准备电力监控软件等;
b) 检查压板投入与运行方式相符,投入接触是否良好;
c) 继电器完好、无裂痕损坏,接点位置正确,无抖动、烧毛、拉弧现象;
d) 空气开关、网络及串口通信设备干净整洁,无冒烟、异味、异声现象;
e) 光端机电源正常,光端盒收发信号灯闪烁正常,PLC各模块运行及通信正常。

7.5 照明设施

7.5.1 照明设施包含路段照明设施、互通照明设施、收费广场照明设施、服务区照明设施、收费天棚照明设施、桥梁照明设施等,其作业内容及流程相同。

7.5.2 作业应包含下列内容:
a) 检查设备安装地点不能存在水淹、土埋、冰冻、滑坡和异物砸落等影响设备正常工作的环境因素,设备周边无影响设备正常运行的其他设施;
b) 检查机箱外部清洁,无车辆溅落物等污渍及寄生动物巢穴,门锁无积水、不锈蚀;
c) 检查机箱内外表面防腐层无大面积剥落、锈蚀,密封胶条富有弹性,不粘、不硬、不老化,不影响密封性能;
d) 检查机箱底部无泥土及水渍;
e) 检查设备外观完整,不缺损、不丢失部件;
f) 检查防雷和接地部件完整、不缺损。

7.5.3 作业流程应满足下列要求:
a) 准备万用表、绝缘工器具、兆欧表、接地电阻测试仪等;
b) 检查基础、支撑是否稳固,无明显歪斜;
c) 检查混凝土灯杆有无影响强度的裂纹;
d) 外部清洁,无车辆溅落物等污渍及寄生动物巢穴;
e) 检查金属灯杆防腐层有无大面积剥落、锈蚀;
f) 检查元器件和线路的颜色、形状、声音等内容,要求无异常颜色、异常形状变化,无异声、异味;
g) 机箱内部线路及元器件排列整洁,标识清楚;
h) 接插件连接牢固,无溶解、熔解、锈蚀等现象。

7.6 隧道机电设施

7.6.1 车辆检测器

参见7.1.1车辆检测器。

7.6.2 视频监控系统

参见7.1.3视频监控系统。

7.6.3 LED可变标志

参见7.1.4 LED可变标志。

7.6.4 隧道视频交通事件检测器

参见7.1.5视频交通事件检测器。

7.6.5 隧道雷达视频检测系统

参见7.1.13雷达视频检测系统。

7.6.6 紧急电话

7.6.6.1 作业应包含下列内容：
a) 基础、立柱、外观、机箱内部及工作运行环境检查；
b) 分机通话呼叫功能检查；
c) 服务器的运行情况检查。

7.6.6.2 作业流程应满足下列要求：
a) 准备专用电脑、紧急电话管理软件；
b) 检查紧急电话分机运行环境、基础、立柱、机箱内部是否满足要求；
c) 现场对分机进行通话效果试验随机抽测，检查分机通话呼叫功能，分机可正常呼叫主机，通话语音大小、质量符合设计要求；
d) 检查服务器性能，查看CPU、磁盘和内存占用情况、数据库使用状态，分析系统日志，对告警数据进行统计和分析。

7.6.7 广播系统

7.6.7.1 作业应包含下列内容：
a) 基础、立柱、外观、机箱内部及工作运行环境检查；
b) 播放功能检查；
c) 服务器的运行情况检查。

7.6.7.2 作业流程应满足下列要求：
a) 准备专用电脑、广播系统管理软件；
b) 检查广播系统运行环境、基础、立柱、机箱内部是否满足要求；
c) 使用软件播放功能，检查是否可实时广播及播放已录制节目，隧道内广播声音质量、音量符合设计要求；
d) 检查服务器性能，查看CPU、磁盘和内存占用情况、数据库使用状态，分析系统日志，对告警数据进行统计和分析。

7.6.8 环境检测设备

7.6.8.1 作业应包含下列内容：
a) 基础、立柱、外观、机箱内部及工作运行环境检查；
b) 环境检测器运行参数检查。

7.6.8.2 作业流程应满足下列要求：
a) 准备专用电脑、环境检测设备后台管理软件、万用表、电工工具、手电筒等工具；
b) 检查环境检测设备运行环境、基础、立柱、机箱内部是否满足要求；
c) 现场检查探测单元及部件外观有无污染、损坏情况；
d) 现场检查探测单元的安装角度，是否出现偏移、倾斜的情况；
e) 现场检查含光学部件的探测单元的镜面，洁净程度是否满足仪器运行需求；

f) 现场检查探测器机械部件运行是否润滑、顺畅；
　　g) 现场检查探测单元的检定标签,是否在有效期内。

7.6.9 诱导及电光设施

7.6.9.1 作业应包含下列内容：
　　a) 基础、立柱、外观、机箱内部及工作运行环境检查；
　　b) 诱导及电光设备运行性能检查。

7.6.9.2 作业流程应满足下列要求：
　　a) 准备万用表、手电筒；
　　b) 检查外观、机箱是否符合要求；
　　c) 现场通过目测方式检查显示牌亮度是否正常,LED 或灯管是否损坏,检查显示牌有无破损、污染、锈蚀的情况,有无被其他物体遮挡。

7.6.10 通风设施

7.6.10.1 作业应包含下列内容：
　　a) 基础、立柱、外观、机箱内部及工作运行环境检查；
　　b) 通风设施部件检查,风机运行情况检查；
　　c) 水下隧道安全通道通风系统检查；
　　d) 水下隧道高压细水雾降温系统检查。

7.6.10.2 作业流程应满足下列要求：
　　a) 准备专用电脑、风机控制软件、电工工具、手电筒等工具；
　　b) 检查基础、外观、机箱内部是否符合要求,通风控制柜的防水、防鼠功能是否完好；
　　c) 检查通风设施部件,是否有松动、腐蚀现象；
　　d) 启动风机,检查风机是否能正常启动,通过目测及风机运转过程中发出的声音,观察风机部件是否有异响,是否有异常振动,正反转是否正常,轴流风机的减速机、润滑油冷却装置状态是否正常；
　　e) 检查风机是否可远程控制,正、反转是否可正常开启；
　　f) 轴流风机检查减速机、润滑油冷却装置状态,油量、配管、冷却器、交换机、循环泵是否正常；
　　g) 查看配线架及设备柜内光电缆布放情况,是否出现破损、过热等情况；
　　h) 查看检测软启动器、配电柜各项指标状态是否符合技术要求；
　　i) 水下隧道安全通道通风系统：
　　　　1) 现场检查通道前室气压正常、防火门常闭,并进行加压测试；
　　　　2) 进行加压风机开关机测试,风机开通时间不少于 15 min；
　　　　3) 观察两侧风管有无异响、漏风现象。
　　j) 水下隧道高压细水雾降温系统：
　　　　1) 查看并记录本巡检周期内有无因高温启动高压细水雾系统的次数；
　　　　2) 查看水池水位情况是否正常；
　　　　3) 喷淋管道是否正常,无松脱、漏水；
　　　　4) 手动开启高压细水雾系统,是否能正常喷出水雾。

7.6.11 消防设施

7.6.11.1 作业应包含下列内容：

a) 基础、立柱、外观、机箱内部及工作运行环境检查；
b) 火灾报警设施检查；
c) 阀门、给水管的漏水、腐蚀情况检查；
d) 水泵、外观及运转情况检查；
e) 灭火系统设施检查。

7.6.11.2 作业流程应满足下列要求：
a) 准备专用电脑、消防控制软件、电工工具、手电筒等工具；
b) 检查基础、外观、机箱是否符合要求；
c) 火灾报警设施：
  1) 现场通过目测方式,检查探测器、手动报警按钮、报警控制器表面是否清洁；
  2) 检查手动报警按钮玻璃是否完整；
  3) 检查报警按钮、报警控制器连接线缆是否牢固；
  4) 测试报警信号能否正常上传。
d) 现场通过目测方式,检查阀门、给水管外观,有无漏水、腐蚀现象；
e) 水泵检查：
  1) 现场通过目测方式检查水泵外观,有无污染、损伤；
  2) 启动水泵,观察运转时有无异响、振动、过热,压力上升时阀门动作是否正常；
  3) 检查泵体连接螺栓是否牢固；
  4) 检查离心泵泵内有无垃圾。
f) 灭火系统：
  1) 查看并记录本巡检周期内有无因火灾启动灭火系统的次数；
  2) 查看水池水位、泡沫液位情况是否正常；
  3) 管道正常无松脱、漏水、漏液；
  4) 手动开启灭火系统,确保能正常喷出泡沫水雾(水幕),抽检连续的两个消防分区的泡沫；
  5) 水雾能同时喷出。

7.6.12 隧道照明设施

7.6.12.1 作业应包含下列内容：
a) 基础、立柱、外观、机箱内部及工作运行环境检查；
b) 照明控制箱检查；
c) 灯具运行情况检查。

7.6.12.2 作业流程应满足下列要求：
a) 准备专用电脑、照明设施管理软件、万用表等电工工具；
b) 检查外观、机箱是否符合要求；
c) 查看照明控制箱：
  1) 检查照明回路引入线,测量电压是否稳定；
  2) 检查回路开关装置是否正常；
  3) 检查接地端子有无松动；
  4) 检查照明回路是否工作正常。
d) 通过目测方式检查灯具照明亮度是否正常,灯体是否有损坏,统计灯具的损坏比例是否符合设计要求。

7.6.13 本地控制器

7.6.13.1 作业应包含下列内容：
a) 基础、立柱、外观、机箱内部及工作运行环境检查；
b) 本地控制器自检功能检查；
c) 本地控制器IP网络检查；
d) 本地控制器对所辖区域内下端设备控制功能检查。

7.6.13.2 作业流程应满足下列要求：
a) 准备专用电脑、本地控制器后台管理软件、网络综合测试仪、万用表等电工工具；
b) 检查外观、机箱内部是否符合要求；
c) 使用软件或查看本地控制器故障指示灯，查看本地控制器自检情况，有无异常报警；
d) 使用网络综合测试仪或网络工具软件，测试本地控制器IP网络质量，测试与隧道管理站计算机能否正常通信，检查IP网络传输时延、丢包率是否符合设计要求；
e) 使用触摸屏检查本地控制器对所辖区域内下端设备的控制功能，模拟隧道管理站计算机或网络故障时是否可通过触摸屏独立控制所辖区域内下端设备。

7.6.14 隧道监控中心计算机控制系统

参见7.1.8监控中心设备及系统。

7.6.15 隧道监控中心计算机网络

参见7.1.10监控系统计算机网络。

7.6.16 隧道供配电设施

参见7.4供配电设施。

7.6.17 给排水设施

7.6.17.1 作业应包含下列内容：
a) 基础、立柱、外观、机箱内部及工作运行环境检查；
b) 水泵运转情况检查；
c) 排污泵运转情况检查；
d) 水泵锌阳极的腐蚀程度检查；
e) 水位液压传感器检查；
f) 管网情况检查。

7.6.17.2 作业流程应满足下列要求：
a) 准备万用表、螺丝刀、多功能扳手、润滑剂等工具；
b) 检查外观、机箱是否符合要求；
c) 启动水泵，观察运转情况是否正常，压盘根部有无漏水成线情况；
d) 启动排污泵，观察运转情况是否正常，轴承及叶轮是否正常，有无明显磨损情况；
e) 通过目测方式观察水泵锌阳极的腐蚀程度，有无腐蚀严重情况；
f) 检查水位液压传感器，检测误差符合设计要求；
g) 查看管网情况，有无杂物堵塞，有无明显倾斜、裂纹、锈蚀。

8 定期养护作业

8.1 监控设施

8.1.1 车辆检测器

8.1.1.1 作业应包含下列内容：
a) 车检器支撑结构与基础养护，机箱内部检修与清扫；
b) 设施组件养护及测试；
c) 数据传输性能检测；
d) 复原功能检查。

8.1.1.2 作业流程应满足下列要求：
a) 准备车辆检测器管理软件、接地电阻测试仪、万用表等电工工具、清洁工具及材料、地感线圈作业工具材料、网络综合测试仪、测速仪；
b) 检查运行环境、基础、立柱、机箱内部是否满足要求；
c) 设施组件清洁养护：
   1) 对车检器镜头或探头进行清洁除尘，清理污渍及动物排泄物，摄像机镜头应保持清洁，无灰尘、车辆溅落物等污渍及寄生动物排泄物；
   2) 线圈车检器安装槽养护，线圈安装位置线槽保护层无破损、封填平整。
d) 使用人工计数测量与采集结果比较，检查车流量相对误差是否符合设计要求；
e) 使用测速仪与采集结果比较，检查车速相对误差是否符合设计要求；
f) 使用网络综合测试仪，检测以太网丢包率是否符合要求；
g) 设备断电复位后，检查设备是否能正常启动，与上位机恢复通信，断电前存储数据是否能正常保存。

8.1.2 气象检测器

8.1.2.1 作业应包含下列内容：
a) 支撑结构、基础养护，机箱内部检修与清扫；
b) 检查设备温湿度、风速风向等环境检测测量值偏差；
c) 检测数据传输性能，以太网传输丢包率≤0.1%；
d) 复原功能检查。

8.1.2.2 作业流程应满足下列要求：
a) 准备气象检测器管理软件、接地电阻测试仪、万用表等电工工具、清洁工具及材料、设备养护作业用具及材料、网络综合测试仪、温湿度计、风速计、手持式能见度计；
b) 按养护要求对支撑结构和基础进行养护，对机箱内部进行检修和清扫；
c) 设备部件清洁养护：
   1) 能见度检测器：对透镜表面进行清洁，无灰尘、水渍等；
   2) 风速风向传感器：机械运转部件润滑注油，运转顺畅、风向正确。
d) 使用温湿度计、风速计、手持式能见度计测量现场环境，测量结果与采集结果进行比较，偏差符合设计要求；
e) 使用网络综合测试仪，检测以太网丢包率是否符合要求；
f) 设备断电复位后，检查设备是否能正常启动，与上位机恢复通信，断电前存储数据是否能正常保存。

8.1.3 视频监控系统

8.1.3.1 作业应包含下列内容：
a) 支撑结构、基础养护，机箱内部检修与清扫；
b) 设备组件养护；
c) 摄像机图像质量检查；
d) 摄像机云台水平/垂直转动、自动光圈、垂直转动角度、调焦、变倍功能检查；
e) 摄像机监控视野范围检查；
f) 视频存储功能检查；
g) 数据传输性能检查；
h) 设备断电复位功能检查。

8.1.3.2 作业流程应满足下列要求：
a) 准备视频监控系统后台管理软件、存储卡、硬盘、散热风扇、接地电阻测试仪、万用表等电工工具、清洁工具及材料、设备养护作业用具及材料、网络综合测试仪；
b) 按养护要求对支撑结构和基础进行养护，对机箱内部进行检修和清扫；
c) 设备组件养护：
   1) 摄像机镜头外观清洁，无尘土和污渍，检查云台、雨刷等组件是否运转顺畅、响应正确；
   2) 修复设备的存储单元受损扇区，或更换存储单元；
   3) 更换运转速度不达标的散热风扇。
d) 采用主观评分方式对图像质量进行评价；
e) 以实际操作方式，检测云台水平、垂直转动角度，调焦、变倍功能是否符合设计要求，检测外场摄像机操控时是否有抖动；
f) 检查摄像机监视范围，对监控区域明显偏移的摄像机进行监控角度修正；
g) 检查录像功能，录像回放是否清晰，保存时间是否满足设计要求；
h) 设备断电复位后，检查设备是否能正常启动，与上位机恢复通信；
i) 使用网络综合测试仪检测数据传输性能是否满足设计要求：
   1) IP 吞吐率符合设计文件中编码器最大码流要求；
   2) IP 网络传输时延符合设计要求；
   3) IP 丢包率不大于 70% 流量负荷时：≤0.1%。

8.1.4 LED 可变标志

8.1.4.1 作业应包含下列内容：
a) 支撑结构、基础养护，机箱内部检修与清扫；
b) 设备组件养护，更换损坏组件；
c) 显示屏平均亮度检查；
d) 数据传输性能检查；
e) 复原功能检查。

8.1.4.2 作业流程应满足下列要求：
a) 准备 LED 可变标志管理软件，显示模组、温度传感器、亮度传感器、风扇、排线等备件，接地电阻测试仪、万用表、网络综合测试仪、亮度计等电工测量工具，清洁工具及材料；
b) 按养护要求对支撑结构和基础进行养护，对机箱内部进行检修和清扫；
c) 组件养护：
   1) 检查显示模组单元、排线，更换失控显示模组单元、排线；

2) 更换运转速度不达标的散热风扇；
3) 更换损坏的温度传感器、亮度传感器。
d) 使用亮度计测量显示屏平均亮度，检查亮度是否符合设计要求；
e) 采用实操检验方式，检查车辆以最大限速行驶时，视认距离是否不小于行车视距；
f) 使用网络综合测试仪检测数据传输性能是否满足设计要求；
g) 检查复原功能，加电后设备能自动恢复到正常通信状态，断电前存储数据保存不变。

8.1.5 视频交通事件检测器

8.1.5.1 作业应包含下列内容：
a) 支撑结构、基础养护，机箱内部检修与清扫；
b) 设备组件养护，清洁组件，更换损坏组件；
c) 事件检测率、有效检测范围检查；
d) 典型事件检测功能检查；
e) 自诊断和报警功能检查；
f) 系统时钟同步功能检查。

8.1.5.2 作业流程应满足下列要求：
a) 准备视频交通事件检测器管理软件、数据备份介质、视频检测终端、接地电阻测试仪、万用表等电工工具、清洁工具及材料、网络综合测试仪；
b) 按养护要求对支撑结构和基础进行养护，对机箱内部进行检修和清扫；
c) 设备组件养护：
1) 修复设备的存储单元受损扇区，或更换存储单元；
2) 更换运转速度不达标的散热风扇；
3) 摄像机镜头的清洁保养，镜头应保持清洁，无尘土和污渍；
4) 对车检器探头进行清洁除尘，清理污渍及动物排泄物。
d) 检查事件检测率、有效检测范围，白天现场模拟事件进行检验或播放标准事件源视频检验，检测率及有效检测范围符合设计要求；
e) 检查典型事件检测功能，白天现场模拟事件进行检验或播放标准事件源视频检验，典型事件检测类型符合设计要求；
f) 检查自诊断和报警功能，视频信号丢失、系统设备故障、网络通信故障等各种情况发生时，系统能自诊断、记录并报警；
g) 与监控系统主时钟进行比对，检查系统时钟是否同步。

8.1.6 公路交通情况调查设备

8.1.6.1 作业应包含下列内容：
a) 支撑结构、基础养护，机箱内部检修与清扫；
b) 设备组件养护，清洁组件，更换损坏组件；
c) 交通参数采集误差检查；
d) 自诊断和报警功能检查；
e) 数据传输性能检查。

8.1.6.2 作业流程应满足下列要求：
a) 准备交通调查管理软件、接地电阻测试仪、万用表等电工工具、清洁工具及材料、地感线圈作业工具材料、雷达测速枪、网络综合测试仪；
b) 按养护要求对支撑结构和基础进行养护，对机箱内部进行检修和清扫；

c) 设备组件养护：
　　1) 修复设备的存储单元受损扇区，或更换存储单元；
　　2) 更换运转速度不达标的散热风扇；
　　3) 对镜头、探头进行清洁除尘，清理污渍及动物排泄物。
d) 人工记录机动车分类及数量，比较人工采集与车辆检测器检测结果，误差是否符合设计标准；
e) 使用测速枪测量车速，比较人工采集与车辆检测器检测结果，误差是否符合设计标准；
f) 检查断电数据存储功能，设备在断电时其存储的交通数据不应发生丢失现象，若被检测设备断电后再加电，能自行启动并进入正常工作状态，且上传的实时交通数据包时间序号在断电期间正确地形成断链；
g) 使用网络综合测试仪检测数据传输性能是否满足设计要求。

8.1.7 高清卡口

8.1.7.1 作业应包含下列内容：
a) 支撑结构、基础养护，机箱内部检修与清扫；
b) 设备组件养护；
c) 车辆采集误差检查；
d) 自诊断和报警功能检查；
e) 数据传输性能检查。

8.1.7.2 作业流程应满足下列要求：
a) 准备高清卡口后台管理软件、接地电阻测试仪、万用表等电工工具、清洁工具及材料、网络综合测试仪；
b) 按养护要求对支撑结构和基础进行养护，对机箱内部进行检修和清扫；
c) 设备组件养护：
　　1) 修复设备的存储单元受损扇区，或更换存储单元；
　　2) 更换运转速度不达标的散热风扇；
　　3) 对镜头进行清洁除尘，清理污渍及动物排泄物。
d) 人工记录车辆车牌，比较人工采集与卡口检测结果，捕捉率、识别率是否符合设计标准；
e) 检查断电数据存储功能，设备在断电时其存储的交通数据不应发生丢失现象，若被检测设备断电后再加电，能自行启动并进入正常工作状态，且上传的实时交通数据包时间序号在断电期间正确地形成断链；
f) 使用网络综合测试仪检测数据传输性能是否满足设计要求。

8.1.8 监控中心设备及系统

8.1.8.1 作业应包含下列内容：
a) 机箱内部检修与清扫；
b) 统计、查询、打印报表功能检查；
c) 数据备份、存储功能检查。

8.1.8.2 作业流程应满足下列要求：
a) 准备后台管理软件、接地电阻测试仪、万用表等电工工具、清洁工具及材料、网络综合测试仪；
b) 按养护要求对机箱内部进行检修和清扫；
c) 采用实操检验方式检查统计、查询、打印报表功能，是否能正确地统计、查询、打印命令指示、设备状况、系统故障、交通参数等数据；
d) 检查监控系统备份情况。

8.1.9 大屏幕显示系统

8.1.9.1 作业应包含下列内容：
a) 机箱内部检修与清扫；
b) 设备组件养护；
c) 显示系统屏幕亮度检查；
d) 图像显示、缩放、多视窗功能检查。

8.1.9.2 作业流程应满足下列要求：
a) 准备大屏幕显示系统管理软件、万用表等电工工具、清洁工具及材料、亮度计。
b) 按养护要求对机箱内部进行检修和清扫；
c) 设备组件养护：
   1) 更换运转速度不达标的散热风扇；
   2) 对屏幕进行清洁除尘，清理污渍及动物排泄物；
   3) 检查设备耗材的损耗情况，及时更换老化的耗材。
d) 使用亮度计测量达到白平衡时的亮度，检查亮度是否符合设计要求；
e) 检查图像显示、缩放、多视窗功能，符合设计要求。

8.1.10 监控系统计算机网络

8.1.10.1 作业应包含下列内容：
a) 机箱内部检修与清扫；
b) 核心网络设备配置数据备份；
c) 核心网络设备 mac 地址转发过滤表 FDB 检查，二层组播过滤情况和 IP 组播路由检查；
d) 易损件老化、接触不良等情况检查。

8.1.10.2 作业流程应满足下列要求：
a) 准备网管系统、网络综合测试仪、数据备份介质、光功率计、网络综测、网线钳、万用表等电工工具、清洁工具及材料；
b) 按养护要求对机箱内部进行检修和清扫；
c) 使用网关系统，备份网管数据、网络各节点设备配置数据；
d) 使用网关系统，清理无效业务占用的处理资源及未能老化的 IP 组播路由；
e) 更换老化的双绞线、光纤跳线及连接器等易损件。

8.1.11 监控系统软件

8.1.11.1 作业应包含下列内容：
a) 数字视频管理功能检查；
b) 数据统计分析功能检查；
c) 信息显示功能检查；
d) 地理信息系统(GIS)定位与查询功能检查；
e) 业务数据、配置数据备份。

8.1.11.2 作业流程应满足下列要求：
a) 准备数据备份介质；
b) 采用实操检验方式检查数字视频管理功能，检查图像查看、远程视频控制、延迟时间是否满足设计要求；
c) 采用实操检验方式记录数据记录平均响应，检查响应时间满足设计要求；

d) 采用实操检验方式检查信息显示功能,将图片、文字等信息,在指定的设备上进行显示,显示信息是否无误、清晰,响应时间是否满足设计要求;
e) 检查地理信息系统(GIS)定位与查询功能,是否可在GIS地图上进行监控点、路网信息的定位与查询,查询平均响应时间是否满足设计要求;
f) 检查备份业务数据、配置数据,导出复制到专用存储介质中。

8.1.12 视频云

8.1.12.1 作业应包含下列内容:
a) 机箱内部检修与清扫;
b) 设备组件养护;
c) 数据传输性能检查;
d) 业务配置数据备份;
e) 设备断电复位功能检查。

8.1.12.2 作业流程应满足下列要求:
a) 准备视频云后台管理软件,存储卡、硬盘、散热风扇,网络综合测试仪,数据备份介质,清洁工具及材料;
b) 按养护要求对机箱内部进行检修和清扫;
c) 设备组件养护:
　　1) 修复设备的存储单元受损扇区,或更换存储单元;
　　2) 更换运转速度不达标的散热风扇;
　　3) 清理无效业务占用的处理资源。
d) 使用网络综合测试仪检测数据传输性能是否满足设计要求:
　　1) IP吞吐率符合设计文件中编码器最大码流要求;
　　2) IP网络传输时延符合设计要求;
　　3) IP丢包率不大于70%流量负荷时:≤0.1%。
e) 检查软件业务数据、配置数据,导出复制到专用存储介质中;
f) 设备断电复位后能正常启动,与上位机恢复通信。

8.1.13 雷达视频检测系统

8.1.13.1 作业应包含下列内容:
a) 支撑结构与基础养护、机箱内部检修与清扫;
b) 设备组件养护;
c) 检查事件检测率、有效检测范围;
d) 检查典型事件检测功能;
e) 检查系统时钟同步功能。

8.1.13.2 作业流程应满足下列要求:
a) 准备雷达视频检测系统管理软件、网络综合测试仪、接地电阻测试仪、万用表等电工工具、清洁工具及材料;
b) 按养护要求对支撑结构和基础进行养护,对机箱内部进行检修和清扫;
c) 设备组件养护:
　　1) 修复设备的存储单元受损扇区,或更换存储单元;
　　2) 更换运转速度不达标的散热风扇;
　　3) 对镜头或探头进行清洁除尘,清理污渍及动物排泄物。

d) 检查事件检测率、有效检测范围,白天现场模拟事件进行检验或播放标准事件源视频检验,检测率及有效检测范围符合设计要求;
e) 检查典型事件检测功能,白天现场模拟事件进行检验或播放标准事件源视频检验,典型事件检测类型符合设计要求;
f) 与监控系统主时钟进行比对,检查系统时钟是否同步。

8.2 通信设施

8.2.1 通信管道及光电缆线路

8.2.1.1 作业应包含下列内容:
a) 人孔清理,抽水、清淤、堵漏、清除垃圾,做到无积水、无淤泥、无杂物;
b) 托架托板管道整理,除锈、固定、更换,管道堵头补充,做到管线固定稳定牢靠、金属结构件无锈蚀、托板托架无损伤、管道堵头完整;
c) 光电缆整理,光电缆无破损、固定牢靠、标识清晰、曲度适合。

8.2.1.2 作业流程应满足下列要求:
a) 准备铁锹、钉耙、水泵、管道堵头、密封胶、防火泥、备用托架、防锈漆、备用线缆、备用标签等;
b) 使用铁锹、钉耙、水泵等进行人孔清理;
c) 使用管道堵头、密封胶、防火泥、备用托架、防锈漆等进行托架托板管道整理;
d) 使用备用线缆、备用标签进行光电缆整理;
e) 作业后业务恢复。

8.2.2 光纤数字传输系统

8.2.2.1 作业应包含下列内容:
a) 备份网管配置数据,备份到专用存储介质中;
b) 备份设备网元数据,备份到设备或专用存储介质中;
c) 通信机房清洁,用吸尘器、干抹布、清洁液、灭虫剂等清理通信机房,保证机房清洁卫生;
d) 设备机柜清洁,用中性带电设备清洁剂、风筒、软毛刷、皮老虎、干抹布等清洁机柜和设备,检查、修复和更换机柜排风散热部件,清洁更换滤尘网,保证通风散热功能正常,维持设备机柜清洁;
e) 线缆和进线孔保护,利用密封胶、防火泥等对机房和机柜进线孔的堵漏保护,利用波纹管等保护套管对裸露线缆或易损线缆的保护措施,保证机柜外无裸露线缆和机柜进线孔封堵严密;
f) 设备光板/光模块检测替换,利用网管和光功率计测定设备光收发功率,并对不符合标准的设备光接口进行修复和更换,保证收发光功率符合设计要求。

8.2.2.2 作业流程应满足下列要求:
a) 准备光传输网管,移动硬盘、光盘、U盘等存储介质,光功率计、误码仪等;
b) 准备皮老虎、干抹布、软毛刷、吸尘器、灭鼠杀虫剂、中性带电设备清洁剂、风筒、软油漆刷、密封胶、防火泥、波纹管、线缆保护套管等;
c) 通过存储介质备份网管配置数据;
d) 通过网管备份设备网元数据;
e) 通信机房清洁;
f) 使用皮老虎、干抹布、软毛刷、吸尘器等进行设备机柜清洁;
g) 使用密封胶、防火泥、波纹管等进行线缆和进线孔保护;
h) 设备光板/光模块检测替换。

8.2.3 固定电话交换系统

8.2.3.1 作业应包含下列内容：
a) 备份网管配置数据，备份到专用存储介质中；
b) 备份设备网元数据，备份到设备或专用存储介质中；
c) 通信机房清洁，用吸尘器、干抹布、清洁液、灭虫剂等清理通信机房，保证机房清洁卫生；
d) 设备机柜清洁，用中性带电设备清洁剂、风筒、软毛刷、皮老虎、干抹布等清洁机柜和设备，检查、修复和更换机柜排风散热部件，清洁更换滤尘网，保证通风散热功能正常，维持设备机柜清洁；
e) 线缆和进线孔保护，利用密封胶、防火泥等对机房和机柜进线孔的堵漏保护，利用波纹管等保护套管对裸露线缆或易损线缆的保护措施，保证机柜外无裸露线缆和机柜进线孔封堵严密；
f) 设备供电检查，利用万用表、互感器、电流表或钳表检定程控设备工作电压、电流和功率，对异常供电情况立即进行处理和修复，保证设备的双路供电及供电参数符合设计要求；
g) 呼叫拨测和接通率检查，利用呼叫发生器或测试电话塞绳进行呼叫拨测，保证接通率符合通信规范要求。

8.2.3.2 作业流程应满足下列要求：
a) 准备电话交换网管、磁带机、磁光盘、万用表、互感器、电流表或钳表、光功率计、误码仪、网络综测、光功率计、呼叫发生器、测试电话机和测试塞绳等；
b) 准备皮老虎、干抹布、灭鼠杀虫剂、软毛刷、吸尘器、中性带电设备清洁剂、风筒、软油漆刷、密封胶、防火泥、波纹管、线缆保护套管等；
c) 通过磁带机、磁光盘等备份网管数据；
d) 通过网管、磁带机、磁光盘等备份设备数据；
e) 通信机房清洁；
f) 使用皮老虎、干抹布、软毛刷、吸尘器等进行设备机柜清洁；
g) 使用密封胶、防火泥、波纹管等进行线缆和进线孔保护；
h) 使用电气仪表和工具进行设备供电检查；
i) 使用测试仪器和测试话机等进行呼叫拨测和接通率检查。

8.2.4 广播系统

8.2.4.1 作业应包含下列内容：
a) 清理设备及部件，无灰尘、垃圾和织网等积落物；
b) 线缆和进线孔保护，利用密封胶、防火泥等对机房和机柜进线孔的堵漏保护，利用波纹管等保护套管对裸露线缆或易损线缆的保护措施，设备柜外无裸露线缆，设备柜进线孔封堵严密；
c) 检查元器件和线路的颜色、形状、声音等内容，要求无异常颜色、异常形状变化，无异声、异味，并现场更换修复损毁元器件，设备部件无变形、无损毁、无异常；
d) 修整机箱内部线路及元器件布放，更新标识，内部线路及部件布放整齐、标识完整清晰；
e) 检查和更换接插件连接，检查溶解、锈蚀等情况，接插件连接固定牢靠，无锈蚀损伤；
f) 检查和调整各种指示灯的状态、亮度、做到易于辨别、互不窜光，设备指示灯状态正常、清晰易辨不窜光；
g) 清洁电池表面，调节并校准安放方位，电池表面清洁无尘，无位移；
h) 播放广播测试音，检查设备功能，广播放音清晰易辨。

8.2.4.2 作业流程应满足下列要求：
a) 准备分贝计、声级计、万用表、备用元件、备用线缆、备用标签等；

b) 准备铁锹、钉耙、电烙铁、焊锡、水泵、抹布、带电清洁剂、软毛刷、铁砂纸、防锈漆、密封胶、防火泥、螺丝刀、扳手、套筒、内六角扳手等；
c) 使用抹布、带电清洁剂、软毛刷、铁砂纸、防锈漆等清理设备及部件；
d) 使用密封胶、防火泥等进行线缆和进线孔保护；
e) 使用万用表、电烙铁等电子工具仪器检修设备部件和线路；
f) 修整机箱内部线路及元器件布放，更新标识；
g) 使用备用元件检查和更换接插件；
h) 检查和调整各种指示灯的状态、亮度，做到易于辨别、互不窜光；
i) 使用清洁工具清洁电池表面，调节并校准安放方位；
j) 使用分贝计等检查设备功能，播放广播测试音。

8.2.5 以太网网络平台系统

8.2.5.1 作业应包含下列内容：

a) 检查备份网管数据，导出复制到专用存储介质中；
b) 检查备份交换机、路由器、防火墙、ips/ids等网络节点设备的固件和配置数据，导出复制到专用存储介质中；
c) 通信机房清洁，用吸尘器、干抹布、清洁液、灭虫剂等清理通信机房，保证机房清洁卫生；
d) 设备机柜清洁，用中性带电设备清洁剂、风筒、软毛刷、皮老虎、干抹布等清洁机柜和设备，检查、修复和更换机柜排风散热部件，清洁更换滤尘网，保证通风散热功能正常，维持设备机柜清洁；
e) 线缆和进线孔保护，利用密封胶、防火泥等对机房和机柜进线孔的堵漏保护，利用波纹管等保护套管对裸露线缆或易损线缆的保护措施，保证机柜外无裸露线缆和机柜进线孔封堵严密；
f) 设备供电检查，利用万用表、互感器、电流表或钳表检定程控设备工作电压、电流和功率，对异常供电情况立即进行处理和修复，保证设备的双路供电及供电参数符合设计要求；
g) 设备光接口进行检测和修复，利用网管和光功率计测定设备光收发功率，并对不符合标准的设备光接口进行修复和更换，保证设备收发光功率符合设计要求；
h) 主备切换功能检查，检查核心路由器/交换机/防火墙等关键设备的主处理板主备切换功能，模拟主系统处理器出现故障，检查自动启用备用系统处理器情况，保证备用系统部件/模块/单板功能正常；
i) 利用网管与相关软件工具核查系统，保证网络拓扑、路由配置、系统功能满足业务需求。

8.2.5.2 作业流程应满足下列要求：

a) 准备交换路由等数据通信设备网管、网络性能测试工具、网络探测和连接测试工具磁带机、磁光盘、光功率计、网络综测、万用表、电流表、钳表、互感器等；
b) 准备皮老虎、干抹布、灭鼠杀虫剂、软毛刷、吸尘器、中性带电设备清洁剂、风筒、软油漆刷、密封胶、防火泥、波纹管、线缆保护套管等；
c) 使用磁带机等存储介质检查备份网管数据，导出复制到专用存储介质中；
d) 检查备份交换机、路由器、防火墙、ips/ids等网络节点设备的固件和配置数据；
e) 通信机房清洁；
f) 使用软毛刷、吸尘器、设备清洁剂等进行设备机柜清洁；
g) 使用密封胶、防火泥、波纹管、线缆保护套管等进行线缆和进线孔保护；
h) 设备光接口进行检测和修复；
i) 设备供电检查，利用万用表、互感器、电流表或钳表检定程控设备工作电压、电流和功率，对异常供电情况立即进行处理和修复；

j) 使用网络测试工具和仪器核查网络拓扑、路由配置、系统功能。

8.2.6 通信电源

8.2.6.1 作业应包含下列内容：
a) 清理通信机房,保证机房清洁卫生；
b) 设备机柜清洁,用中性带电设备清洁剂、风筒、软毛刷、皮老虎、干抹布等清洁机柜和设备,检查、修复和更换机柜排风散热部件,清洁更换滤尘网,保证通风散热功能正常,维持设备机柜清洁；
c) 线缆和进线孔保护,利用密封胶、防火泥等对机房和机柜进线孔的堵漏保护,利用波纹管等保护套管对于裸露线缆或易损线缆的保护措施,保证机柜外无裸露线缆和机柜进线孔封堵严密；
d) 设备供电检查,利用万用表、互感器、电流表或钳表检定电源设备输入电压、电流和功率,对异常供电情况立即进行处理和修复,保证设备的主备双路供电及供电参数符合设计要求；
e) 电源输出参数检查,检查输出工作电压、电流和功率,保证电源输出参数指标符合设计要求；
f) 检查通信电源报警功能,出现不正常状态时,机房内可视、可听报警显示；
g) 蓄电池检查,利用蓄电池测试仪/活化仪/放电仪/充电机等逐组检修免维护铅酸蓄电池组,及时更换老化或损毁的电池,保证蓄电池组的正常性能；
h) 检修供电输入输出线缆、汇流排、连接件,保证连接牢靠、元件无锈蚀；
i) 检查系统管理功能,实现本地或远端可实现遥测、遥控和遥信的集中管理。

8.2.6.2 作业流程应满足下列要求：
a) 准备通信电源设备网管、万用表、电流表、钳表、互感器、电功率计、直流电源测试仪、杂波表、蓄电池测试仪/活化仪/放电仪/充电机、备用免维护铅酸蓄电池、接插件、汇流排相应螺母螺栓、设备模块、功能板件、空气开关、漏电保护器、熔断器等；
b) 准备密封胶、防火泥、波纹管、线缆保护套管、吸尘器、中性带电设备清洁剂、风筒、软油漆刷、螺丝刀、套筒、扳手、液压钳、电烙铁、焊锡膏、焊锡丝等；
c) 通信机房清洁；
d) 使用软毛刷、吸尘器、设备清洁剂等进行设备机柜清洁；
e) 使用防火泥、波纹管等进行线缆和进线孔保护；
f) 通过电气测试仪表进行设备供电检查；
g) 使用直流电源测试仪、杂波表等仪表进行电源输出参数检查；
h) 检查通信电源报警功能；
i) 使用蓄电池测试仪和蓄电池备件配件等检修蓄电池组更换情况；
j) 使用备用电缆和电气配件检修供电输入输出线缆、汇流排、连接件；
k) 检查系统管理功能,实现本地或远端可实现遥测、遥控和遥信的集中管理。

8.2.7 波分复用传输系统

8.2.7.1 作业应包含下列内容：
a) 通信机房清洁,用吸尘器、干抹布、清洁液、灭虫剂等清理通信机房,保证机房清洁卫生；
b) 设备机柜清洁,用中性带电设备清洁剂、风筒、软毛刷、皮老虎、干抹布等清洁机柜和设备,检查、修复和更换机柜排风散热部件,清洁更换滤尘网,保证通风散热功能正常,维持设备机柜清洁；
c) 线缆和进线孔保护,利用密封胶、防火泥等对机房和机柜进线孔的堵漏保护,利用波纹管等保护套管对裸露线缆或易损线缆的保护措施,保证机柜外无裸露线缆和机柜进线孔封堵严密；

d) 设备供电检查,利用万用表、互感器、电流表或钳表检定电源设备输入电压、电流和功率,对异常供电情况立即进行处理和修复,保证设备的主备双路供电及供电参数符合设计要求;
e) 系统性能参数检查,利用网管和光功率计、光谱分析仪、多波长计、色散分析仪测试分析设备光收发功率、信噪比、光纤色散、光通道中心波长和隔离度等性能参数,并对不符合标准的设备光接口进行修复和更换;
f) 备用光纤光缆检查,利用光时域反射仪测试骨干网备用光纤光缆必须满足传输要求,并对不符合要求的光缆进行修复或替换。

8.2.7.2 作业流程应满足下列要求:
a) 准备光传送网(OTN)网管(远程)、光功率计、误码仪、网络综测、光谱分析仪、色散分析仪、多波长计、光时域反射仪(OTDR)、光纤熔接机等;
b) 准备皮老虎、干抹布、灭鼠杀虫剂、软毛刷、吸尘器、中性带电设备清洁剂、风筒、软油漆刷、密封胶、防火泥、波纹管、线缆保护套管等;
c) 通信机房清洁;
d) 使用软毛刷、吸尘器、设备清洁剂等进行设备机柜清洁;
e) 使用防火泥、波纹管等进行线缆和进线孔保护;
f) 通过电气测试仪表进行设备供电检查;
g) 通过光通信测试仪器、网络测试仪器等进行系统性能参数检查修复;
h) 备用光纤光缆检查修复。

8.3 收费设施

8.3.1 ETC专用车道设施

8.3.1.1 作业应包含下列内容:
a) 设备内部检修与清扫:
 1) 元器件上无明显灰尘、织网等积落物;
 2) 检查元器件和线路的颜色、形状、声音等内容,要求无异常颜色、异常形状变化,无异声、异味;
 3) 机壳内部线路及元器件排列整洁、标识清楚;
 4) 接插件连接牢固,无溶解、熔解、锈蚀等现象;
 5) 各种指示灯应表示正确、亮度适当、易于辨别、互不窜光;
 6) 排风、散热部件工作正常。
b) 信号灯、费额显示器等屏幕的清洁、保养,屏幕应保持清洁,无车辆溅落物等污渍;
c) 车道控制机、天线控制器等设备线缆连接检查,通信线、电源线等连接牢固、正确;
d) 电动栏杆机等可动机械部件、风扇等机械运转部件的润滑注油,符合产品说明书。

8.3.1.2 作业流程应满足下列要求:
a) 准备扳手、螺丝刀、万用表、欧姆表、专用吸尘器、清扫工具、密封胶、防火泥、扎带、镜头纸、防锈漆、润滑油等;
b) 使用设备专用吸尘器、清扫工具清除设备上的灰尘、织网等积落物;
c) 检查设备的锈蚀情况,对锈蚀部位除锈,并喷涂防锈漆,检查设备的防潮密封和设备柜进线口封堵情况,对有问题设备使用密封胶进行防潮密封,使用防火泥对设备柜进线口进行防虫、防鼠封堵;
d) 对机械需定期润滑部分,加注润滑油;
e) 清除镜头上的灰尘、车辆溅落物等污渍及动物排泄物。

8.3.2 ETC/MTC 混合车道设施

8.3.2.1 作业应包含下列内容：
a) 机箱内部检修与清扫；
b) 电动栏杆机等可动机械部件和风扇等机械运转部件的润滑注油；
c) 路侧单元(RSU)、天线方向、角度、投射区和功率检查与调整；
d) 车牌识别设备参数检查与调整。

8.3.2.2 作业流程应满足下列要求：
a) 准备专用吸尘器、清扫工具、密封胶、防火泥、扎带、镜头纸、防锈漆、润滑油、扳手、螺丝刀、万用表、欧姆表等工具；
b) 使用设备专用吸尘器、清扫工具清除设备上的灰尘、织网等积落物；
c) 检查设备的锈蚀情况，对锈蚀部位除锈，并喷涂防锈漆，检查设备的防潮密封和设备柜进线口封堵情况，对有问题设备使用密封胶进行防潮密封，使用防火泥对设备柜进线口进行防虫、防鼠封堵；
d) 对机械需定期润滑部分，加注润滑油；
e) 清除镜头上的灰尘、车辆溅落物等污渍及动物排泄物；
f) 路侧单元(RSU)、车牌识别设备角度的调整。

8.3.3 自助终端设施

8.3.3.1 作业应包含下列内容：
a) 机箱内部无明显灰尘、织网等积落物，清洁无污渍、无锈迹、无积水等，线路排列整洁、标识清楚；
b) 接插件连接牢固，无溶解、锈蚀等现象，线缆出入口封堵严密；
c) 走卡机构运行正常，胶轮无明显变形磨损，卡片在走卡机构内运行正常，无打滑现象；
d) 服务器无明显灰尘，散热风扇运行正常，无故障，各设备外部清洁无尘、无锈蚀、线缆捆扎整齐；
e) 自助终端前面板玻璃用镜头纸清洁干净。

8.3.3.2 作业流程应满足下列要求：
a) 准备扳手、螺丝刀、万用表、欧姆表、专用吸尘器、清扫工具、密封胶、防火泥、扎带、镜头纸、防锈漆、润滑油等；
b) 使用设备专用吸尘器、清扫工具清除设备上的灰尘、织网等积落物；
c) 检查设备的锈蚀情况，对锈蚀部位除锈，并喷涂防锈漆，检查设备的防潮密封和设备柜进线口封堵情况，对有问题设备使用密封胶进行防潮密封，使用防火泥对设备柜进线口进行防虫、防鼠封堵；
d) 卡片插入走卡机构，转动走卡机构滚轮，观察卡片是否存在打滑等异常情况，观察走卡机构胶轮是否变形或严重磨损。

8.3.4 ETC 门架系统

8.3.4.1 作业应包含下列内容：
a) ETC 门架钢结构：
   1) 无明显歪斜；
   2) 外部清洁；
   3) 防腐层无大面积剥落、锈蚀；

4) 避雷针、接闪器形状完整,与接地极连接可靠。
b) 门架机柜：
   1) 柜内清洁、无杂物;
   2) 内外表面防腐层无大面积剥落、锈蚀;
   3) 标识基站支撑稳固,无明显歪斜、其余设备无明显外观缺陷;
   4) 空调运行正常,门锁正常;
   5) 柜内设备运行正常,无告警,接线牢固。
c) ETC 门架系统检查,路段标识基站等安装位置符合设计要求,线缆连接牢固、正确,检查备用电源的工作状态;
d) 路侧单元(RSU)检查,天线方向正常,确保天线角度和投射区合适,功率正常;
e) 车牌识别设备检查,车牌识别角度正常,识别率符合要求,补光灯亮度、角度正常。

8.3.4.2 作业流程应满足下列要求：
a) 准备扳手、螺丝刀、万用表、欧姆表、专用吸尘器、清扫工具、密封胶、防火泥、扎带、镜头纸、防锈漆、润滑油等;
b) 使用设备专用吸尘器、清扫工具清除设备上的灰尘、织网等积落物;
c) 检查设备的锈蚀情况,对锈蚀部位除锈,并喷涂防锈漆;
d) 设备的防潮密封和设备柜进线口封堵情况,对有问题设备使用密封胶进行防潮密封,使用防火泥对设备柜进线口进行防虫、防鼠封堵;
e) 整理机柜内线缆,使用扎带固定线缆。

8.3.5 有线对讲和紧急报警系统

8.3.5.1 作业应包含下列内容：
a) 对讲主机内部检修与清扫：
   1) 检查元器件和线路的颜色、形状、声音等内容,要求无异常颜色、异常形状变化,无异声、异味;
   2) 机箱内部线路及元器件排列整洁、标识清楚;
   3) 接插件连接牢固,无溶解、熔解、锈蚀等现象;
   4) 各种指示灯应表示正确、亮度适当、易于辨别、互不窜光。
b) 传输线路的检查,应畅通。

8.3.5.2 作业流程应满足下列要求：
a) 准备扳手、螺丝刀、万用表、欧姆表、专用吸尘器、清扫工具、密封胶、防火泥、扎带、镜头纸、防锈漆、润滑油等;
b) 使用设备专用吸尘器、清扫工具清除设备上的灰尘、织网等积落物,检查设备的锈蚀情况,对锈蚀部位除锈,并喷涂防锈漆;
c) 检查设备的防潮密封和设备柜进线口封堵情况,对有问题设备使用密封胶进行防潮密封,使用防火泥对设备柜进线口进行防虫、防鼠封堵。

8.3.6 收费站设备

8.3.6.1 作业应包含下列内容：
a) 对服务器进行配置文件调整与备份、操作系统备份、过期日志清理、临时文件清理,查杀病毒;
b) 对收费数据进行备份保存,并对冗余数据进行清理;
c) 对车道应用软件进行版本升级、日志清理、启动或停止服务,查杀病毒;
d) 检查元器件和线路的颜色、形状、声音等内容,要求无异常颜色、异常形状变化,无异声、异味;

e) 机箱内部线路及元器件排列整洁、标识清楚；
f) 接插件连接牢固，无溶解、熔解、锈蚀等现象；
g) 各种指示灯应表示正确、亮度适当、易于辨别、互不窜光。
h) 排风、散热部件工作正常。

8.3.6.2 作业流程应满足下列要求：
a) 准备扳手、螺丝刀、万用表、欧姆表、专用吸尘器、清扫工具、密封胶、防火泥、扎带、镜头纸、防锈漆、润滑油等；
b) 对服务器相关数据进行调优与备份，清理过期日志及临时文件，并进行病毒查杀；
c) 对收费数据进行备份，并清理冗余数据；
d) 检查车道相关软件的版本情况，对过期日志及临时文件进行清理，检查启停相关服务是否正常，并进行病毒查杀；
e) 使用设备专用吸尘器、清扫工具清除设备上的灰尘、织网等积落物，检查设备的锈蚀情况，对锈蚀部位除锈，并喷涂防锈漆；
f) 检查设备的防潮密封和设备柜进线口封堵情况，对有问题设备使用密封胶进行防潮密封，使用防火泥对设备柜进线口进行防虫、防鼠封堵。

8.3.7 收费中心设备

8.3.7.1 作业应包含下列内容：
a) 对服务器进行配置文件调整与备份、操作系统备份、过期日志清理、临时文件清理，查杀病毒；
b) 对收费数据进行备份保存，并对冗余数据进行清理；
c) 数据库重启、数据库参数配置调优、表空间调整、过期运行日志清理等；
d) 重启中间件服务、修改参数配置、备份重要日志、消除过期日志、删除临时文件、释放数据空间；
e) 对应用软件进行版本升级、日志清理、启动或停止服务，查杀病毒；
f) 机箱内部无明显灰尘、织网等积落物，清洁无污渍、积水等，线路排列整洁、标识清楚；
g) 接插件连接牢固，无溶解、锈蚀等现象，线缆出入口封堵严密；
h) 服务器内部无明显灰尘，散热风扇运行正常，无故障，各设备外部清洁无尘，无锈蚀，线缆捆扎整齐。

8.3.7.2 作业流程应满足下列要求：
a) 准备扳手、螺丝刀、万用表、欧姆表、专用吸尘器、清扫工具、密封胶、防火泥、扎带、镜头纸、防锈漆、润滑油等；
b) 对服务器相关数据进行调优与备份，清理过期日志及临时文件，并进行病毒查杀；
c) 对收费数据进行备份，并清理冗余数据；
d) 根据现场情况对数据库、中间件进行调优，内容包含表空间调整、修改参数配置、备份重要日志、消除过期日志、删除临时文件、释放数据空间等；
e) 检查相关软件的版本情况，对过期日志及临时文件进行清理，启停相关服务是否正常，并进行病毒查杀；
f) 使用设备专用吸尘器、清扫工具清除设备上的灰尘、织网等积落物，检查设备的锈蚀情况，对锈蚀部位除锈，并喷涂防锈漆；
g) 检查设备的防潮密封和设备柜进线口封堵情况，对有问题设备使用密封胶进行防潮密封，使用防火泥对设备柜进线口进行防虫、防鼠封堵。

8.3.8 收费系统计算机网络

8.3.8.1 作业应包含下列内容：

a) 机箱内部无明显灰尘、织网等积落物,清洁无污渍、积水等,线路排列整洁、标识清楚;
b) 接插件连接牢固,无溶解、锈蚀等现象,线缆出入口封堵严密;
c) 服务器内部无明显灰尘,散热风扇运行正常,无故障,各设备外部清洁无尘、无锈蚀、线缆捆扎整齐。

8.3.8.2 作业流程应满足下列要求:
a) 准备扳手、螺丝刀、万用表、欧姆表、专用吸尘器、清扫工具、密封胶、防火泥、扎带、镜头纸、防锈漆、润滑油等;
b) 使用设备专用吸尘器、清扫工具清除设备上的灰尘、织网等积落物,检查设备的锈蚀情况,对锈蚀部位除锈,并喷涂防锈漆;
c) 检查设备的防潮密封和设备柜进线口封堵情况,对有问题设备使用密封胶进行防潮密封,使用防火泥对设备柜进线口进行防虫、防鼠封堵。

8.3.9 视频监控系统

参见 8.1.3 视频监控系统。

8.3.10 超限检测系统

8.3.10.1 作业应包含下列内容:
a) 设备内部检修与清扫:
   1) 元器件上无明显灰尘、织网等积落物;
   2) 检查元器件和线路的颜色、形状、声音等内容,要求无异常颜色、异常形状变化,无异声、异味;
   3) 机壳内部线路及元器件排列整洁、标识清楚;
   4) 接插件连接牢固,无溶解、熔解、锈蚀等现象;
   5) 各种指示灯应表示正确、亮度适当、易于辨别、互不窜光;
   6) 排风、散热部件工作正常。
b) 秤台清淤、排水,保持清洁;
c) 电动栏杆机等可动机械部件、风扇等机械运转部件按产品说明书润滑注油;
d) 车辆分离器功能核查,符合设计要求;
e) 收尾线圈功能符合设计要求;
f) 胎型识别器功能核查,符合设计要求;
g) 系统参数设置,应符合设计及产品说明书要求,不符合时要求查明原因,调整到规定值;
h) 计重及超限检测系统软件功能核查,符合设计要求。

8.3.10.2 作业流程应满足下列要求:
a) 准备扳手、螺丝刀、万用表、欧姆表、专用吸尘器、清扫工具、密封胶、防火泥、扎带、镜头纸、防锈漆、润滑油等;
b) 使用设备专用吸尘器、清扫工具清除设备上的灰尘、织网等积落物,检查设备的锈蚀情况,对锈蚀部位除锈,并喷涂防锈漆;
c) 检查设备的防潮密封和设备柜进线口封堵情况,对有问题设备使用密封胶进行防潮密封,使用防火泥对设备柜进线口进行防虫、防鼠封堵。

8.3.11 绿色通道快速检测系统

8.3.11.1 作业应包含下列内容:
a) 基础(控制柜、栏杆机、光栅):

1) 稳固、端正,无开裂;
2) 裸露金属基体无锈蚀,金属机箱与接地极连接可靠,接地极引出线无锈蚀。
b) 控制柜:
1) 元器件上无明显灰尘、织网等积落物;
2) 计重主机显示屏幕清晰显示;
3) 内部线路及元器件排列整洁、标识清楚;
4) 接插件连接牢固,无溶解、熔解、锈蚀等现象;
5) 各种指示灯应表示正确;
6) 散热风扇正常运作。

8.3.11.2 作业流程应满足下列要求:
a) 准备扳手、螺丝刀、万用表、欧姆表、专用吸尘器、清扫工具、密封胶、防火泥、扎带、镜头纸、防锈漆、润滑油等;
b) 使用设备专用吸尘器、清扫工具清除设备上的灰尘、织网等积落物;
c) 检查设备的锈蚀情况,对锈蚀部位除锈,并喷涂防锈漆,检查设备的防潮密封和设备柜进线口封堵情况,对有问题设备使用密封胶进行防潮密封,使用防火泥对设备柜进线口进行防虫、防鼠封堵;
d) 对机械需定期润滑部分,加注润滑油;
e) 清除镜头上的灰尘、车辆溅落物等污渍及动物排泄物。

8.4 供配电设施

8.4.1 电力电缆

8.4.1.1 作业应包含下列内容:
a) 检查电缆支架、卡码与接地扁钢(电缆夹层、外线电缆沟)无锈蚀、松动现象;
b) 检查电缆容易受机械或人为损伤地方的防护情况,护套等保护装置完好;
c) 检查外线电缆沟、电缆井,电缆夹层,没有积水、淤泥、杂草,干燥情况较好,没有鼠患虫害;
d) 检查电缆排列(外线电缆沟、电缆夹层),整齐、牢靠,且不受张力。

8.4.1.2 作业流程应满足下列要求:
a) 准备万用表、绝缘工器具、螺丝刀、电工胶布、胶钳、砂纸、兆欧表、接地电阻测试仪等;
b) 检查电缆与墙角摩擦处防护,防护良好,否则加小块绝缘垫防护并绑扎好;
c) 检查电缆进出室内孔洞密封性,密封良好,否则应用防火泥封堵;
d) 检查电缆头地线端子的连接,牢固、无松动现象,否则进行紧固。

8.4.2 中压配电设备

8.4.2.1 作业应包含下列内容:
a) 检查电缆室有无积水和电缆排管的封堵情况,检查母线、地线、断路器电缆头各触点连接可靠,检查示温蜡片无变色;
b) 检查高压柜隔离开关、断路器合、断位置灵活到位,接地开关合、断灵活到位。

8.4.2.2 作业流程应满足下列要求:
a) 准备万用表、绝缘工器具、螺丝刀、电工胶布、胶钳、砂纸、兆欧表、接地电阻测试仪等;
b) 检查二次设备是否良好;
c) 对高压柜内的断路器、母线、电缆头、柜面及地面进行清扫。

8.4.3 电力变压器

8.4.3.1 作业应包含下列内容：
a) 高低压引接线维检；
b) 绝缘子/套管检查养护；
c) 分接开关检查养护；
d) 接地装置检查测试。

8.4.3.2 作业流程应满足下列要求：
a) 准备万用表、绝缘工器具、螺丝刀、电工胶布、胶钳、砂纸、兆欧表、接地电阻测试仪等；
b) 各侧接线电缆、母线、端子、连接金具清洁完整，螺栓无松脱现象，接头接触良好；
c) 检查设备无破损、裂纹和闪络放电痕迹；
d) 绕组和分接开关接触良好，分接位置及电源指示正常；
e) 接地连接处无松动、脱落、断线，接地电阻符合要求。

8.4.4 低压配电设备

8.4.4.1 作业应包含下列内容：
a) 保持低压配电室内地面清洁和打扫扬尘、蛛网；
b) 室内清扫时，严禁碰触带电设备设施，并确保带电设备绝缘。

8.4.4.2 作业流程应满足下列要求：
a) 准备万用表、绝缘工器具、螺丝刀、电工胶布、胶钳、砂纸、兆欧表、接地电阻测试仪等；
b) 检查低压侧电缆室有无积水和电缆排管的封堵情况，检查母线、零线、断路器、电缆头各触点连接是否可靠；
c) 检查低压柜隔离开关合、断位置是否灵活到位；
d) 检查二次设备是否良好；
e) 对低压柜内的断路器、母线、电缆头及柜面、地面进行清扫。

8.4.5 电源设备

8.4.5.1 作业应包含下列内容：
a) 检查报警指示、显示功能；
b) 接地保护检查；
c) 检查继电器、断路器、风扇是否正常；
d) 清洁设备。

8.4.5.2 作业流程应满足下列要求：
a) 准备万用表、绝缘工器具、螺丝刀、电工胶布、胶钳、砂纸、兆欧表、接地电阻测试仪等；
b) 各功率驱动元件和印刷电路插件板表面清洁无杂质，插接牢固，电子元件无漏液、变形、过温痕迹，电缆及连接端无老化、磨损和过热；
c) 设备停电状态下，UPS放电能力满足设计要求；
d) 蓄电池端电压、电流、放电正常。

8.4.6 风/光供电设备

8.4.6.1 作业应包含下列内容：
a) 电池板组件接线盒；
b) 电池板采光面养护调整；

c) 清除污垢、昆虫、杂物，通风孔未堵塞，所有连接终端牢固；
d) 机箱内部检修与清扫。

8.4.6.2 作业流程应满足下列要求：
a) 准备万用表、绝缘工器具、螺丝刀、电工胶布、胶钳、砂纸、兆欧表、接地电阻测试仪等；
b) 电池组件的封装和接线接头无开胶进水、电池变色、插头松动、腐蚀等问题，如有问题及时处理；
c) 采光面用清水冲洗，用布擦干，保持干净无尘，面板朝向角度符合季节变化，输出直流电压大于 14 V；
d) 极柱无腐蚀。

8.4.7 电动汽车供电设备

8.4.7.1 作业应包含下列内容：
a) 箱(柜)体结构功能基础；
b) 母线及接头、电缆及终端头养护；
c) 接地装置检查；
d) 箱(柜)体内部检修与清扫。

8.4.7.2 作业流程应满足下列要求：
a) 准备万用表、绝缘工器具、螺丝刀、电工胶布、胶钳、砂纸、兆欧表、接地电阻测试仪等；
b) 元器件上无明显灰尘、织网等积落物；
c) 检查元器件和线路的颜色、形状、声音等内容，要求无异色老化、异常形状变化，无异声、异味；
d) 内部线路及元器件排列整洁、标识清楚；
e) 接插件连接牢固，无溶解、锈蚀等现象；
f) 排风、散热部件工作正常。

8.4.8 电力监控

8.4.8.1 作业应包含下列内容：
a) 检查通信机房布线，做到电源线和通信线缆隔离；
b) 检查网络入侵防范设备，检测端口扫描、强力攻击、木马后门攻击、拒绝服务攻击、缓冲区溢出攻击、IP碎片攻击、网络蠕虫攻击等攻击行为。

8.4.8.2 作业流程应满足下列要求：
a) 准备专用电脑等；
b) 检查调度数据网络边界设备(包括防火墙、路由器、交换机等)，查看是否有非法外联的计算机接入，若有是否采取定位、阻断等手段。

8.5 照明设施

8.5.1 路段、桥梁照明设施

8.5.1.1 作业应包含下列内容：
a) 配电箱内部检修与清扫；
b) 灯具清洁保养。

8.5.1.2 作业流程应满足下列要求：
a) 准备万用表、绝缘工器具、螺丝刀、电工胶布、胶钳、兆欧表等；
b) 检查元器件和线路的颜色、形状、声音等内容，要求无异常颜色、异常形状变化，无异声、异味；

c) 检查机箱内部线路及元器件排列是否整洁、标识清楚,无灰尘、织网等积落物;
d) 检查各接插件连接是否牢固,无溶解、熔解、锈蚀等现象;
e) 检查机箱内各种指示灯是否正常显示,亮度适当、互不窜光;
f) 检查机箱内排风、散热部件工作是否正常;
g) 检查配电箱内设备接线图完整、不老化;
h) 检查防雷装置工作是否正常,接地电阻是否符合要求。

8.5.2 收费广场、服务区、互通照明设施

8.5.2.1 作业应包含下列内容:
a) 配电箱内部检修与清扫;
b) 灯具清洁保养;
c) 高杆灯牵引系统。

8.5.2.2 作业流程应满足下列要求:
a) 准备万用表、绝缘工器具、螺丝刀、电工胶布、胶钳、兆欧表等;
b) 检查元器件和线路的颜色、形状、声音等内容,要求无异常颜色、异常形状变化,无异声、异味;
c) 检查机箱内部线路及元器件排列是否整洁、标识清楚,无灰尘、织网等积落物;
d) 检查各接插件连接是否牢固,无溶解、熔解、锈蚀等现象;
e) 检查机箱内各种指示灯是否正常显示,亮度适当、互不窜光;
f) 检查机箱内排风、散热部件工作是否正常;
g) 检查配电箱内设备接线图完整、不老化;
h) 检查电缆有无严重磨损、老化,无电芯外漏;
i) 检查升降钢丝有无毛刺、严重磨损和断裂;
j) 检查防雷装置工作是否正常,接地电阻是否符合要求。

8.5.3 收费天棚照明设施

8.5.3.1 作业应包含下列内容:
a) 灯具各部件发现松动、脱落、损坏时,应修复或更换;
b) 检查天棚照明灯具、灯罩外观,灯具的防雨密封完好,灯具外观无变形、无锈蚀和老化现象。

8.5.3.2 作业流程应满足下列要求:
a) 准备万用表、绝缘工器具、螺丝刀、电工胶布、胶钳、兆欧表等;
b) 检查机箱内部线路及元器件排列是否整洁、标识清楚,无灰尘、织网等积落物;
c) 检查各接插件连接是否牢固,无溶解、熔解、锈蚀等现象;
d) 检查机箱内各种指示灯是否正常显示,亮度适当、互不窜光;
e) 检查机箱内排风、散热部件工作是否正常;
f) 检查配电箱内设备接线图完整、不老化;
g) 检查防雷装置工作是否正常,接地电阻是否符合要求。

8.6 隧道机电设施

8.6.1 车辆检测器

参见 8.1.1 车辆检测器。

8.6.2 视频监控系统

参见 8.1.3 视频监控系统。

8.6.3 LED可变标志

参见8.1.4 LED可变标志。

8.6.4 隧道视频交通事件检测器

参见8.1.5 视频交通事件检测器。

8.6.5 隧道雷达视频检测系统

参见8.1.13 雷达视频检测系统。

8.6.6 紧急电话

8.6.6.1 作业应包含下列内容：
a) 支撑结构与基础养护、机箱内部检修与清扫；
b) 紧急电话分机通话质量检查；
c) 太阳能电池表面检查；
d) 电源输入、输出检查；
e) 主要部件检查。

8.6.6.2 作业流程应满足下列要求：
a) 准备紧急电话管理软件、网络综合测试仪、接地电阻测试仪、万用表等电工工具、清洁工具及材料；
b) 按养护要求对支撑结构和基础进行养护，对机箱内部进行检修和清扫；
c) 检查紧急电话分机，按下呼叫按钮，可呼叫主机，通话语音清晰，无明显断字缺陷；
d) 清洁电池表面，调节并校准安放位置，电池表面清洁无尘，无位移；
e) 查看电源输入电压，直流输出电压，直流输出电流，符合设计要求；
f) 设备组件养护，更换老化的防雷元件、保险丝、继电器、麦克风、喇叭。

8.6.7 广播系统

8.6.7.1 作业应包含下列内容：
a) 支撑结构与基础养护、机箱内部检修与清扫；
b) 广播主机/功放散热情况检查；
c) 广播主机/功放电压输出、输入检查；
d) 扬声器紧急播音检查。

8.6.7.2 作业流程应满足下列要求：
a) 准备广播系统管理软件、网络综合测试仪、接地电阻测试仪、万用表等电工工具、清洁工具及材料；
b) 按养护要求对支撑结构和基础进行养护，对机箱内部进行检修和清扫；
c) 设备组件养护清洁，更换老化的防雷元件、保险丝、继电器；
d) 检查广播主机/功放散热是否正常，有无过热现象；
e) 检查广播主机/功放电压，电压输出、输入是否符合设计要求；
f) 紧急播音试验，扬声器声音是否明亮、清晰，音量是否符合设计要求。

8.6.8 环境检测设备

8.6.8.1 作业应包含下列内容：

a) 支撑结构与基础养护、机箱内部检修与清扫；
b) 各传感器原始输出信号值检查；
c) 配线情况检查；
d) 仪器故障指示灯检查；
e) 风速风向仪等机械运转部位保养。

8.6.8.2 作业流程应满足下列要求：
a) 准备环境检测设备后台管理软件、亮度计、网络综合测试仪、接地电阻测试仪、万用表等电工工具、清洁工具及材料；
b) 按养护要求对支撑结构和基础进行养护，对机箱内部进行检修和清扫；
c) 检查检测器及相关部件，安装是否存在松动，外观有无污染、损伤，运行是否正常，有无异响、异常发热；
d) 查看 CO 检测器自动校正装置，功能是否正常，是否可进行校正；
e) 使用万用表检查各传感器原始输出信号值，检查是否符合设计要求；
f) 查看各检测器配线情况，有无污染、损伤、过热、松动、断线等异常；
g) 查看仪器故障指示灯，有无故障指示；
h) 风速风向仪等机械运转部位润滑注油。

8.6.9 诱导及电光设施

8.6.9.1 作业应包含下列内容：
a) 支撑结构与基础养护、机箱内部检修与清扫；
b) 设备组件养护、清洁，更换老化的部件。

8.6.9.2 作业流程应满足下列要求：
a) 准备诱导及电光设施后台管理软件、网络综合测试仪、接地电阻测试仪、万用表等电工工具、清洁工具及材料；
b) 按养护要求对支撑结构和基础进行养护，对机箱内部进行检修和清扫；
c) 对设施外观进行清洁，检查字迹是否清晰；
d) 检查 LED 或灯管发光亮度是否正常，更换老化发光件。

8.6.10 通风设施

8.6.10.1 作业应包含下列内容：
a) 支撑结构与基础养护、机箱内部检修与清扫；
b) 风机主体及附属设施外观检查；
c) 机房环境检查。

8.6.10.2 作业流程应满足下列要求：
a) 准备通风设施后台管理软件、接地电阻测试仪、万用表等电工工具、清洁工具及材料、润滑剂；
b) 检查运行环境、基础、立柱、机箱是否满足要求；
c) 检查风机安装部位，是否有松动、腐蚀现象；
d) 检查风机运转有无异响和异常振动，各计量仪器、仪表读数是否正常，基础螺栓和连接螺栓的状态有无异常，轴承温度、油温、油压有无异常，正、反转间隔一定时间的试验符合要求，叶片安装状态是否稳固；
e) 检查风机润滑油冷却装置，配管、冷却器、交换器、循环泵的状态是否正常，运转中有无振动、异响、过热现象；
f) 检查风机气流调节装置，动作状态有无异常，内翼有无损伤、裂纹，密封是否良好；

g) 检查风机动翼、静翼及叶轮,翼面有无损伤、剥离,焊接部位有无损伤,叶轮液压调节装置是否正常;
h) 检查风机导流叶片及异形管,有无生锈、涂装剥离、螺母松动,有无损伤、异响,与机壳有无摩擦;
i) 检查风机驱动轴,接头、齿轮润滑状态有无异常,传动轴的振动与轴承温度有无异常,油脂是否满足运转要求;
j) 电动机养护,运动中有无异响、振动、过热,连接部的工作状态是否正常,检查绝缘是否符合要求,三相电流是否平衡;
k) 检查风机消声器,消声器壁内有无明显灰尘,噪声是否符合要求,检查吸声材料并更换变质材料;
l) 检查变频器,设备内保持清洁,有无灰尘和污物,控制电路板连接有无松动、电容器有无漏液、板上线条有无锈蚀、断裂等,各接触器动静触头有无拉弧、毛刺或表面氧化、凹凸不平等现象,输出频率、电流、电压是否在正常范围内;
m) 清扫隧道机房、安全通道及前室,清洁防火门,风机,干净整洁、无杂物、温湿度、通风、照明等满足使用要求;
n) 水下隧道安全通道通风系统,现场检查通道前室,气压正常,防火门常闭,并进行加压测试;
o) 进行风机开关机测试,风机开通时间不少于 15 min,检查风机运行情况,观察风机主体及附属部件是否有异响、振动、过热。

8.6.11 消防设施

8.6.11.1 作业应包含下列内容:
a) 支撑结构与基础养护、机箱内部检修与清扫;
b) 火灾报警设施检查及保养;
c) 手动报警器检查及保养;
d) 消火栓及灭火器检查及保养;
e) 灭火系统检查及保养;
f) 消防供水设施检查及保养。

8.6.11.2 作业流程应满足下列要求:
a) 准备消防设施后台管理软件、接地电阻测试仪、万用表等电工工具、清洁工具及材料、润滑剂;
b) 检查运行环境、基础、立柱、机箱内部是否满足要求;
c) 清洁火灾报警设施表面,传感器、点型感烟、感温探测器和双/三波长火焰探测器表面清洁,无尘土和污渍,清洁视频型火灾探测器镜头,无尘土和污渍,光纤光栅感温火灾探测器表面无锈蚀,保护层完好、无损伤;
d) 检查手动报警按钮防水性能,进行各回路的报警随机抽验,检查报警信号是否能正确传送到中心控制室计算机或本地控制器;
e) 消火栓及灭火器外观检查,检查灭火器有效期,进行消防栓的放水试验,检查水压是否符合设计要求;
f) 检查灭火系统,查看泡沫灭火系统,泡沫喷头、消火栓外观正常,泡沫液储罐外观正常,储罐间环境符合要求,确认灭火器的数量及泡沫液有效期,泡沫消防栓的防渣检查;
g) 检查消防供水设施:
   1) 查看水池,无渗漏水,水位正常及水位计完好,泄水孔通畅,水池清洁,无泥污;
   2) 查看水泵,运转时无异响、振动、过热,压力上升时闸阀的动作正常;
   3) 查看水泵接合器,表面及内部清洁,密封性良好,加压功能正常;

4) 查看电动机,运转时无异响、振动、过热;
5) 查看自动阀,无漏水、腐蚀,导通正常、无堵塞;
6) 查看给水管,无漏水、闸阀操作灵活,管支架无腐蚀、松动,管过滤器清洁。

h) 手动开启灭火系统,检查是否能正常喷出泡沫水雾(水幕)。

8.6.12 隧道照明设施

8.6.12.1 作业应包含下列内容:
a) 支撑结构与基础养护、机箱内部检修与清扫;
b) 隧道灯具养护;
c) 洞外路灯养护;
d) 照明线路养护。

8.6.12.2 作业流程应满足下列要求:
a) 准备照明设施管理软件、接地电阻测试仪、万用表等电工工具、清洁工具及材料;
b) 检查运行环境、基础、立柱、机箱内部是否满足要求;
c) 通过目测方式检查亮度是否正常,统计隧道及洞外灯具损坏数量,及时更换损坏的灯具;
d) 对洞外路灯的灯杆外观、涂装、接地端子进行检查,对基础是否稳定,有无开裂、螺杆有无生锈、松动进行检查,灯杆外观无损伤,灯杆外观无损伤,焊接及连接部件稳定,接地端子无松动,基础稳定,无开裂、损伤,涂装无大面积剥落;
e) 使用高空车检查灯具清洁,使用清洁工具对灯具进行清洗;
f) 检查补充电容器、触发器、整流器、接触器是否损坏,更换损坏器件;
g) 对照明回路进行检查。

8.6.13 本地控制器

8.6.13.1 作业应包含下列内容:
a) 机箱内部检修与清扫;
b) 电源模块检查;
c) 区域控制器各功能模块检查;
d) 电源电压检查。

8.6.13.2 作业流程应满足下列要求:
a) 准备本地控制器后台管理软件、网络综合测试仪、接地电阻测试仪、万用表等电工工具、清洁工具及材料;
b) 检查运行环境、基础、立柱、机箱是否满足要求;
c) 通过目测查看电源模块故障指示灯有无故障提示,检查接线是否牢固,模拟断电情况,检查电源冗余功能是否符合设计要求;
d) 检查区域控制器各功能模块底板是否连接牢固,故障指示灯有无故障提示,接线是否牢固,标识是否准确、齐全;
e) 使用万用表检查电源输入电压,直流输出电压,直流输出电流,不符合时要求查明原因,调整到规定值。

8.6.14 隧道监控中心计算机控制系统

参见8.1.8 监控中心设备及系统。

8.6.15 隧道监控中心计算机网络

参见8.1.10 监控系统计算机网络。

8.6.16 隧道供配电设施

参见8.4供配电设施。

8.6.17 给排水设施

8.6.17.1 作业应包含下列内容：
a) 支撑结构与基础养护、机箱内部检修与清扫；
b) 给排水设施检查。

8.6.17.2 作业流程应满足下列要求：
a) 准备万用表、螺丝刀、多功能扳手等电工工具、清洁工具及材料、润滑剂；
b) 检查运行环境、基础、立柱、机箱是否满足要求；
c) 检查给排水相关设施是否正常状态，供水、排水、水位、液压传感是否正常，给排水管道及吊架是否倾斜，是否有裂纹、锈蚀；
d) 检查水池，有无渗漏水；
e) 开启水泵，检查运转是否正常，检查离心泵泵内有无垃圾杂物，压盘根部有无漏水，水泵外表有无杂物、锈蚀；
f) 开启排污泵，检查运转是否正常，轴承及叶轮如损坏应及时更换；
g) 进行供水泵的无水停机检验，水泵阀门导通试验。

9 常见故障修复作业

9.1 监控设施

9.1.1 车辆检测器

车辆检测器常见故障及处理方法见表4。

表4 车辆检测器常见故障及处理方法

序号	故障现象	处理方法
1	上位机采集不到车辆检测器数据	（1）检查设备供电是否故障，排除外供电故障，更换损坏的设备电源模块； （2）车辆检测器工作状态异常，重启设备，检查设备配置，更换控制模块； （3）传输链路故障，检查传输链路设备，修复通信故障
2	视频车辆检测器信道无法检测，检测错误	（1）检查控制板信道开关是否已打开，打开通道； （2）控制板灵敏度开关设置是否正确，如灵敏度过低，适当调高； （3）检测信道本身问题，无法修复则更换视频检测器； （4）视频检测器没有连接，连接视频检测器
3	视频车辆检测器检测精度达不到设计要求	（1）检查视频图像，如不清晰或视野范围偏移，进行调整； （2）软件参数配置不当，更改配置后重新检测； （3）触发方式或触发区域设置不合理，重新配置设备； （4）视频检测器硬件故障，更换设备

表 4 车辆检测器常见故障及处理方法（续）

序号	故障现象	处理方法
4	微波检测器工作不正常	（1）微波检测板损坏，导致不能检测车辆，更换检测板； （2）控制处理模块异常，更换控制处理模块
5	传输设备问题	（1）检测传输设备的工作状态是否正确，根据设备提示排查异常故障； （2）检查设备连线是否可靠，紧固连接线； （3）传输链路故障，检查传输链路设备，修复通信故障
6	微波检测器扫描范围偏移	（1）重新校准检测器； （2）连接数据口至便携式计算机，修正检测器瞄准方向
7	软件系统异常	（1）重启检测器软件； （2）检查软件配置是否异常，修正异常参数； （3）重新安装检测器软件

9.1.2 气象检测器

气象检测器常见故障及处理方法见表5。

表 5 气象检测器常见故障及处理方法

序号	故障现象	处理方法
1	无数据传回监控中心	（1）重启设备，检测主板指示灯是否异常，更换主板或送修故障部件； （2）通信线路故障，便携式计算机与气象站维护端口直接连接，用程序检测是否有数据上传，检查传输链路设备，修复通信故障
2	能见度数据异常	（1）镜头污损，清洁镜头和防护罩； （2）接收机或发射机故障，将故障部件送修
3	风向和风速数据异常	（1）风杯组件/翼部组件旋转时有摩擦噪声，加注润滑油后更换轴承； （2）电缆破损或接头松动，检查电缆或紧固接头； （3）电压异常，检查供电电压

9.1.3 视频监控系统

视频监控系统常见故障及处理方法见表6。

表 6 视频监控系统常见故障及处理方法

序号	故障现象	处理方法
1	监视器白屏、黑屏、发黄、白斑	（1）白屏主要是液晶屏+3.3 V或+5 V供电不正常引起，检查供电模组，更换故障模组； （2）黑屏、屏暗的主要原因是CCFL（冷阴极荧光灯管）老化所致，更换灯管； （3）发黄、白斑均是背光源问题，通过更换相应背光片或导光板即可解决

表6 视频监控系统常见故障及处理方法(续)

序号	故障现象	处理方法
2	监视器屏幕亮线或者是暗线	(1)亮线故障一般是连接液晶屏本体的排线出了问题,检查排线,更换故障排线; (2)暗线一般是屏的本体有漏电,将故障部件送修
3	监视器花屏	(1)测量主板时钟输出是否正常,更换故障部件; (2)检查主板信号RGB输入到主芯片部分线路有无虚焊、短路,电容电阻有无错值,修复线路故障,更换故障电容、电阻; (3)检查主板信号输出到屏的连接座部分线路有无虚焊、短路(IC脚、排阻及座、双列插针),修复线路故障; (4)必要时替换屏或更换通用驱动板
4	无视频图像	(1)如前端正常有图像,检查线路和通信设备; (2)前端无视频图像,检查设备箱供电是否正常; (3)摄像机故障,将故障设备送修

9.1.4 LED 可变标志

LED 可变标志常见故障及处理方法见表7。

表7 LED 可变标志常见故障及处理方法

序号	故障现象	处理方法
1	局部花字、缺字	(1)检查显示控制板的译码电路是否损坏,更换显示控制板; (2)供电异常,检查该模块的供电是否正常,更换模块; (3)检查排线是否接触不良,更换排线
2	无法控制	(1)控制系统板故障,更换控制系统板; (2)通信线路故障,不能接收和发送数据,检查线路和通信设备; (3)控制或通信计算机故障或死机,重启计算机; (4)控制系统板电源故障,更换电源

9.1.5 视频交通事件检测器

视频交通事件检测器常见故障及处理方法见表8。

表8 视频交通事件检测器常见故障及处理方法

序号	故障现象	处理方法
1	无数据上传	(1)通信是否正常,检查线路和通信设备,修复通信故障; (2)检查图像范围是否正常,图像是否清晰,调节摄像机相关参数; (3)检查检测器是否有异常告警,处理异常告警,重启设备; (4)通信是否正常,检查线路和通信设备,修复通信故障; (5)检查图像范围是否正常,图像是否清晰,调节摄像机相关参数; (6)检查检测器是否有异常告警,处理异常告警,重启设备; (7)检查识别区域是否正常,对异常标识区域进行重新标定
2	误报率较高	对识别区域重新进行标定

9.1.6 公路交通情况调查设备

公路交通情况调查设备常见故障及处理方法见表9。

表 9 公路交通情况调查设备常见故障及处理方法

序号	故障现象	处理方法
1	无数据上传	(1)如设备工作状态异常,重启设备,检查设备配置,更换控制模块; (2)如通信异常,检查线路和通信设备,修复通信故障; (3)检查图像范围是否正常,图像是否清晰,调节摄像机相关参数
2	统计误差较大	检查车辆触发统计模块是否正常

9.1.7 高清卡口

高清卡口常见故障及处理方法见表10。

表 10 高清卡口常见故障及处理方法

序号	故障现象	处理方法
1	无数据上传	(1)检查通信是否正常,检查线路和通信设备,修复通信故障; (2)检查图像范围是否正常,图像是否清晰,调节摄像机相关参数; (3)检查车牌识别仪是否有异常告警,处理异常告警,重启设备
2	车牌识别率低	(1)对识别区域重新进行标定; (2)检查摄像机图像范围是否正常,图像是否清晰

9.1.8 监控中心设备及系统

监控中心设备及系统常见故障及处理方法见表11。

表 11 监控中心设备及系统常见故障及处理方法

故障现象	处理方法
计算机无显示	(1)检查外部供电是否可靠,保证正常供电; (2)按下主机电源开关时,检查键盘指示灯是否亮、风扇是否全部转动,主机是否正常启动,连接线是否牢固,根据指示灯定位设备故障原因,采用替换部件方法处理主机故障; (3)尝试更换另外一台显示器

9.1.9 大屏幕显示系统

大屏幕显示系统常见故障及处理方法见表12。

表 12 大屏幕显示系统常见故障及处理方法

序号	故障现象	处理方法
1	加电无反应	(1) 使用万用表检查现场供电是否正常,异常则检查供电开关及线路,通过电源指示灯判断设备是否供电正常,异常则更换供电模块或送修; (2) 拔插连接线检查信号处理接口和显示主机之间的连接线是否接牢
2	无法控制图像切换	(1) 检查控制主机及软件是否正常打开,如软件无法获取设备状态,重启软件后尝试重新连接设备; (2) 检查控制软件配置是否正常,修正错误配置; (3) 拔插连接线检查控制主机到显示主机之间连接线是否接牢

9.1.10 监控系统计算机网络

监控系统计算机网络常见故障及处理方法见表 13。

表 13 监控系统计算机网络常见故障及处理方法

故障现象	处理方法
连通性问题	(1) 根据情况检查网络故障影响范围; (2) 使用 ping、tracert 等命令逐级排查故障,确定故障源; (3) 如果单机故障,可查看网络配置信息是否正确,网口是否正常; (4) 如单机无故障,查看下一级交换机是否断电或故障,如无故障继续查看下一级网络设备

9.1.11 监控系统软件

监控系统软件常见故障及处理方法见表 14。

表 14 监控系统软件常见故障及处理方法

序号	故障现象	处理方法
1	设备轮询软件故障,无外场设备最新数据	(1) 检查监控中心到设备网络连接是否中断,排查是否由通信故障造成; (2) 检查轮询软件配置参数是否正确,重启轮询软件后是否恢复正常
2	报表故障	(1) 查看配置文件是否正确; (2) 检查客户端与服务器之间的网络连接是否正常,检查数据库是否能正常连接; (3) 如无法打开报表,检查报表所需相关插件是否已正确安装

9.1.12 视频云

视频云常见故障及处理方法见表 15。

表 15　视频云常见故障及处理方法

序号	故障现象	处理方法
1	设备掉线	（1）检查视频上云网关到设备的网络连接是否中断，排查是否通信故障； （2）检查设备工作状态是否正常，根据故障提示排查设备故障原因； （3）检查设备是否正常，排查设备故障原因
2	推流失败	（1）如果设备正常取流，但是推流失败，重启推流服务； （2）检查视频上云网关软件与接收服务端之间的网络连接是否正常

9.1.13 雷达视频检测系统

雷达视频检测系统常见故障及处理方法见表16。

表 16　雷达视频检测系统常见故障及处理方法

序号	故障现象	处理方法
1	数据异常	（1）检查视频图像是否清晰，调节摄像机参数； （2）雷达异常，检查雷达单元配置参数及运行状态，重启设备； （3）通信故障，检测通信传输设备
2	检测精度达不到设计要求	（1）软件配置不当，更改配置后重新检测； （2）设备配置异常，重新配置设备； （3）雷达视频硬件故障，更换故障模块或送修

9.2　通信设施

9.2.1　通信管道及光电缆线路

通信管道及光电缆线路常见故障及处理方法见表17。

表 17　通信管道及光电缆线路常见故障及处理方法

序号	故障现象	处理方法
1	通信光缆中断	（1）OTDR测定断点； （2）打开人井抽出断点处光缆； （3）光缆重新在接续盒熔接； （4）光缆中继段测试
2	通信电缆中断	（1）电缆测试仪测定断点； （2）打开人井抽出断点处光缆； （3）通信电缆重新焊接和防水处理，通信电缆测试

表 17 通信管道及光电缆线路常见故障及处理方法(续)

序号	故障现象	处理方法
3	通信管道打断	(1)目测检视管道破损点,确定修复方案; (2)开挖土方,替换受损管道; (3)回填土方; (4)修复或替换受损光电缆

9.2.2 光纤数字传输系统

光纤数字传输系统常见故障及处理方法见表18。

表 18 光纤数字传输系统常见故障及处理方法

序号	故障现象	处理方法
1	以太网业务中断	(1)检查以太网端口是否 UP; (2)检查网线及对端设备是否就绪; (3)用替换法检查以太网板是否故障; (4)检查配置数据是否正确
2	系统误码超标	(1)检查机房空调、设备风扇温度是否正常; (2)检查机房附近是否有强电磁干扰源; (3)检查时钟源是否正常; (4)检查时钟配置数据是否正确; (5)检查设备时钟单元(时钟板/交叉板/线路板)是否故障

9.2.3 固定电话交换系统

固定电话交换系统常见故障及处理方法见表19。

表 19 固定电话交换系统常见故障及处理方法

序号	故障现象	处理方法
1	局内电话呼出异常	(1)检查有无拨号音,如无,检查模拟用户框单板是否故障; (2)检查数据交换网板和信号音是否故障; (3)检查设备用户配置数据是否正常
2	局间中继故障	(1)检查传输系统是否误码滑帧,对端设备是否在线; (2)检查时钟系统故障,是否和局时钟同步; (3)跟踪局间信令,检查信令参数对接,信令流程对接是否异常

9.2.4 广播系统

广播系统常见故障及处理方法见表20。

表20 广播系统常见故障及处理方法

序号	故障现象	处理方法
1	广播无声音	(1)检查广播系统是否正常,重启软件或广播计算机; (2)检查广播播放音频文件是否损伤,更换音频文件; (3)检查广播通信链路是否正常,观察广播软件是否显示故障
2	广播声音小或有杂音	检查广播号角是否正常,如故障及时更换
3	软件系统异常	软件配置不当,更改软件配置后重新检测

9.2.5 以太网网络平台系统

以太网网络平台系统常见故障及处理方法见表21。

表21 以太网网络平台系统常见故障及处理方法

序号	故障现象	处理方法
1	以太网接口DOWN	(1)检查设备和线缆电磁环境; (2)检查网线和对端设备是否正常; (3)检查设备单板或者接口是否异常; (4)检查设备配置数据是否不当
2	网络丢包	(1)排查计算机终端问题; (2)检查剪口物理状态,是否存在大量CRC校验错误; (3)检查接口处方向是否存在discard计数; (4)检查是否存在和受到攻击; (5)检查是否存在环路风暴; (6)检查设备资源(CPU、内存、端口缓存)占用是否超标
3	ping不通	(1)检查主机网络配置,软件防火墙配置; (2)检查路径各段物理链路; (3)检查各段路由是否正确; (4)逐段抓包进行协议分析,检查故障节点和线路

9.2.6 通信电源

通信电源常见故障及处理方法见表22。

表22 通信电源常见故障及处理方法

序号	故障现象	处理方法
1	设备掉电	(1)检查交流电源是否就绪; (2)检查蓄电池组是否供电
2	电流不均衡	(1)检查各整流模块电流; (2)检查整流模块是否故障; (3)检查均流控制线、控制模块是否正常
3	管理模块、系统查不到输入输出电流电压参数	(1)核查管理模块是否显示故障; (2)检查管理模块与其他模块之间是否通信中断; (3)检查管理模块是否损毁

9.2.7 波分复用传输系统

波分复用传输系统常见故障及处理方法见表23。

表23 波分复用传输系统常见故障及处理方法

序号	故障现象	处理方法
1	本站业务中断	(1)检查光纤光缆是否中断； (2)检查光功率是否异常； (3)核查对端设备是否在线正常； (4)检查光放板故障； (5)检查合波板、波长转换板、统一线路板故障
2	本站网元脱管	(1)检查主控板是否故障； (2)检查OSC单板是否故障； (3)检查OSC光纤是否脱落破损； (4)检查网元属性是否有误

9.3 收费设施

9.3.1 ETC专用车道设施

ETC专用车道设施常见故障及处理方法见表24。

表24 ETC专用车道设施常见故障及处理方法

序号	故障现象	处理方法
1	供电故障	(1)检查电源插排开关、电源接插件连接是否正常； (2)检查配电箱电源开关是否异常动作； (3)检查配电箱各用电回路是否异常； (4)定位有问题用电回路设备
2	不能交易	(1)检查收费软件系统是否运行正常； (2)检查读写天线控制器状态是否正常，能否读写通行介质
3	车道外设不能控制	(1)检查设备供电是否正常； (2)检查设备插件连接是否正常； (3)检查设备面板指示灯、显示屏等是否正常； (4)检查收费系统软件与设备通信连接是否正常
4	数据传输异常	(1)检查收费软件系统是否运行正常； (2)检查收费系统数据交互服务是否正常； (3)检查计算机网络配置，交换机、防火墙设备是否正常

9.3.2 ETC/MTC混合车道设施

参见9.3.1 ETC专用车道设施常见故障及处理方法。

9.3.3 自助终端设施

参见9.3.1 ETC专用车道设施常见故障及处理方法。

9.3.4 ETC门架系统

ETC门架系统常见故障及处理方法见表25。

表 25　ETC门架系统常见故障及处理方法

序号	故障现象	处理方法
1	供电故障	(1)检查电源插排开关、电源接插件连接是否正常； (2)检查配电箱电源开关是否异常动作； (3)检查配电箱各用电回路是否异常； (4)定位有问题用电回路设备
2	门架数据传输异常	(1)检查设备供电是否正常； (2)检查设备面板指示灯、显示屏等是否正常； (3)检查工控机磁盘状态是否正常； (4)检查门架到收费站数据连通是否正常； (5)检查设备的网络配置，交换机、防火墙配置是否正常； (6)检查和测试光、电缆是否正常

9.3.5 有线对讲和紧急报警系统

有线对讲和紧急报警系统常见故障及处理方法见表26。

表 26　有线对讲和紧急报警系统常见故障及处理方法

序号	故障现象	处理方法
1	分机之间不能呼叫	(1)检查设备之间通信线路是否异常； (2)检查分机设备是否故障
2	广播无声音、声音小或有杂音	(1)检查广播系统是否死机，重启软件或广播计算机； (2)检查广播播放音频文件是否损伤，更换音频文件； (3)检查广播通信链路是否正常，观察广播软件是否显示故障
3	报警功能无响应	(1)检查设备供电是否正常； (2)检查设备面板指示灯、显示屏等是否正常； (3)检查报警器与报警主机之间通信连接是否异常； (4)检查报警器是否可以向CCTV（Closed Circuit Television）系统提供报警输出信号

9.3.6 收费系统计算机网络

收费系统计算机网络常见故障及处理方法见表27。

表 27　收费系统计算机网络常见故障及处理方法

序号	故障现象	处理方法
1	以太网接口DOWN	(1)检查设备和线缆电磁环境； (2)检查网线和对端设备是否正常； (3)检查设备单板或者接口是否异常； (4)检查设备配置数据是否不当

表27 收费系统计算机网络常见故障及处理方法(续)

序号	故障现象	处理方法
2	网络丢包	(1)排查计算机终端问题； (2)检查剪口物理状态,是否存在大量CRC校验错误； (3)检查接口处方向是否存在discard计数； (4)检查是否存在和受到攻击

9.3.7 收费站设备

收费站设备常见故障及处理方法见表28。

表28 收费站设备常见故障及处理方法

序号	故障现象	处理方法
1	供电故障	(1)检查电源插排开关、电源接插件连接是否正常； (2)检查配电箱电源开关是否异常动作； (3)检查配电箱各用电回路是否异常； (4)定位有问题用电回路设备
2	数据传输异常	(1)检查设备供电是否正常； (2)站服务器操作系统是否运行正常； (3)检查设备磁盘状态是否正常； (4)检查管理服务器数据交互服务是否正常； (5)检查设备网络配置、交换机、防火墙等是否工作正常

9.3.8 收费中心设备

收费中心设备常见故障及处理方法见表29。

表29 收费中心设备常见故障及处理方法

序号	故障现象	处理方法
1	供电故障	(1)检查电源插排开关、电源接插件连接是否正常； (2)检查配电箱电源开关是否异常动作； (3)检查配电箱各用电回路是否异常； (4)定位有问题用电回路设备
2	数据传输异常	(1)检查设备供电是否正常； (2)服务器操作系统是否运行正常； (3)检查设备磁盘状态是否正常； (4)检查超融合服务器数据交互服务是否正常； (5)检查设备网络配置、交换机、防火墙等是否正常

9.3.9 视频监控系统

视频监控系统常见故障及处理方法见表30。

表 30 视频监控系统常见故障及处理方法

序号	故障现象	处理方法
1	供电故障	(1)检查电源插排开关、电源接插件连接是否正常； (2)检查配电箱电源开关是否异常动作； (3)检查配电箱各用电回路是否异常； (4)定位有问题用电回路设备
2	视频传输异常	(1)检查设备供电是否正常； (2)检查设备面板指示灯、显示屏等是否正常； (3)检查设备磁盘状态是否正常； (4)检查网络配置、交换机、防火墙配置是否正常； (5)检查监控软件运行状态是否正常

9.3.10 超限检测系统

超限检测系统常见故障及处理方法见表31。

表 31 超限检测系统常见故障及处理方法

序号	故障现象	处理方法
1	供电故障	(1)检查电源插排开关、电源接插件连接是否正常； (2)检查配电箱电源开关是否异常动作； (3)检查配电箱各用电回路是否异常； (4)定位有问题用电回路设备
2	检测数据异常	(1)检查设备供电是否正常； (2)检查设备面板指示灯、显示屏等是否正常； (3)检查检测系统与计算机通信连接是否正常； (4)检测系统是否正常工作

9.3.11 绿色通道快速检测系统

绿色通道快速检测系统常见故障及处理方法见表32。

表 32 绿色通道快速检测系统常见故障及处理方法

序号	故障现象	处理方法
1	供电故障	(1)检查电源插排开关、电源接插件连接是否正常； (2)检查配电箱电源开关是否异常动作； (3)检查电源插排开关、电源接插件连接是否正常； (4)检查配电箱电源开关是否异常动作； (5)检查配电箱各用电回路是否异常； (6)定位有问题用电回路设备

表 32 绿色通道快速检测系统常见故障及处理方法(续)

序号	故障现象	处理方法
2	外设不能控制	(1)检查设备供电是否正常； (2)检查设备插件连接是否正常； (3)检查设备面板指示灯、显示屏等是否正常； (4)检查软件与设备连接通信是否正常
3	检测数据异常	(1)检查设备供电是否正常； (2)检查设备网络配置、交换机、防火墙等是否正常； (3)检查快检系统是否正常工作

9.4 供配电设施

9.4.1 电力电缆

电力电缆常见故障及处理方法见表33。

表 33 电力电缆常见故障及处理方法

序号	故障现象	处理方法
1	外力损伤	加强电缆保管、运输、敷设等各环节的工作质量外，更重要的是严格执行动土制度
2	保护层腐蚀	当电缆线路上的局部土壤含有损害电缆铅包的化学物质时，应将这段电缆装于管内，并用中性土壤作为电缆的衬垫及覆盖，还要在电缆上涂以沥青
3	负荷运转	电缆电压选择不当，加强巡视检查、改善运行条件来及时解决

9.4.2 中压配电设备

中压配电设备常见故障及处理方法见表34。

表 34 中压配电设备常见故障及处理方法

序号	故障现象	处理方法
1	绝缘故障	绝缘材料老化或破损立即更换，清除绝缘材料表面的污渍，电缆沟、开关室安装防护板防止小动物进入，发生故障查找原因并立即整改
2	操作机构故障	造成拒分拒合线圈烧坏，检查原因并立即更改，同时更换新线圈
3	保护元器件选用不当造成的故障	熔断器额定电流选用不当，继电器整定时间不匹配等原因造成的事故，发生故障及时查找原因并更换合适的元器件
4	由于环境变化引起的故障	环境温度、湿度及污染指数等的急剧变化引起的故障，应注意改善环境，如安装空调加热器，了解污染源并及时清除等方法解决

9.4.3 电力变压器

电力变压器常见故障及处理方法见表35。

表35 电力变压器常见故障及处理方法

序号	故障现象	处理方法
1	变压器发出异响	定期清理配电变压器套管表面的污垢,检查套管有无闪络痕迹,接地是否良好
2	变压器油色变暗	应定期试验、检查,进行过滤或换油
3	套管间放电	更换套管
4	分接开关触头表面熔化与灼伤	定期在停电后将分接开关转动几周,使其接触良好
5	铁芯片有不正常响声	夹紧或进行重新叠片,消除发响的声音

9.4.4 低压配电设备

低压配电设备常见故障及处理方法见表36。

表36 低压配电设备常见故障及处理方法

序号	故障现象	处理方法
1	欠压线圈不工作(电压正常)	更换欠压线圈
2	按下合闸按钮,合闸线圈不工作	更换欠压线圈
3	检查二次插件接触不良	调整二次插件接触片
4	合闸按钮用万用表检测接触不良	需要更换新的合闸按钮
5	柜内断路器不能动作储能	检查配电柜的控制电源电压是否正常
6	抽屉式开关柜断路器控制回路接触不良	把抽屉式断路器摇出后,重新摇到"接通"位置,检查控制回路是不是虚接
7	柜内的合闸电磁铁老旧失灵	断电后更换新的配电柜电磁铁
8	电容配电柜补偿仪过压报警	配电柜实际电压应小于设定电压值,重新设置电压参数

9.4.5 电源设备

电源设备常见故障及处理方法见表37。

表37 电源设备常见故障及处理方法

序号	故障现象	处理方法
1	故障指示灯亮,蜂鸣器长鸣,UPS因内部过热而关闭	确保UPS未过载,通风口未被堵塞,室内温度未过高。等待10 min,让UPS自然冷却,然后重新启动,如失败,请联系厂家维修人员
2	故障指示灯亮,蜂鸣器长鸣,UPS输出短路或内部故障关闭	关掉UPS,去掉所有负载,确认负载没有故障或内部短路。重新开机,如未解决,请联系厂家维修人员

表 37 电源设备常见故障及处理方法(续)

序号	故障现象	处理方法
3	市电指示灯闪烁,市电电压或频率超出 UPS 输入范围	此时 UPS 正处于电池供电模式,保存数据并关闭应用程序,确保市电处于 UPS 所需的工作范围
4	市电正常,UPS 不入市电	UPS 市电空开未合
5	开机键按下后,UPS 不启动	按开机键 1 s 以上,启动 UPS 或连接好 UPS 电池,若电池电压低,先关机再开机,若还是不能启动,则 UPS 内部发生故障,联系厂家维修人员
6	UPS 的输入断路器跳闸	减少 UPS 的负载,断开设备负载的连接,并按入断路器上的按钮重置,检查输入断路器上是否有漏电保护器,如有,拆下漏保后再试
7	旁路灯、过载灯和故障灯亮	断开所有不重要的设备连接,按按钮重新启动,看是否正常;外部动态过载,减负荷,直到不过载为止
8	故障灯亮、过载灯不亮	UPS 内部故障,禁止继续使用或启动 UPS,请联系厂家维修人员
9	UPS 偶尔发出警报	UPS 正常工作,无须检查;UPS 正在保护连接的设备
10	UPS 未能提供预期的备电时间	电池寿命缩短,更换电池组(一般寿命 3 年)
11	前面板指示灯按顺序闪烁	UPS 自动重新启动状态

9.4.6 风/光供电设备

风/光供电设备常见故障及处理方法见表 38。

表 38 风/光供电设备常见故障及处理方法

序号	故障现象	处理方法
1	支架问题	严格要求支架安装精度;支架横梁上组件安装孔预留椭圆长孔;松动支架全部螺栓,整体调节,使组件整齐
2	接地不美观	留好余量,把扁铁浇筑在基础里面
3	电缆绝缘皮破损	电缆应深埋,运维车辆经过时,不至于碾压到电缆致其破损,需要运维在巡检时及时注意

9.4.7 电动汽车供电设备

电动汽车供电设备常见故障及处理方法见表 39。

表 39 电动汽车供电设备常见故障及处理方法

序号	故障现象	处理方法
1	开关电源关闭或损坏	打开开关电源的开关;若损坏,更换电源
2	交流进线开关下端无电	检查低压配电箱或配电房,开关是否跳闸
3	主控板与显示屏之间 TVI 连接线松动	重新拧紧主控板与显示屏之间 TVI 连接线
4	系统故障,系统延时或死机	按下急停按钮,大约 5 s 后,再将急停按钮弹起,若显示屏依然毫无反应,打开前门,断开空气开关,断电重启

9.4.8 电力监控

电力监控常见故障及处理方法表 40。

表 40 电力监控常见故障及处理方法

序号	故障现象	处理方法
1	模拟量输出不准	确认模拟量输出量程上下限对应关系;确认模拟量输出对应的电参量是否正确,如对应 U、I、P、Q 等确保测试设备正常
2	网络传输有误	检查调度数据网络边界设备(包括防火墙、路由器、交换机等),查看是否有非法外联的计算机接入,若有是否采取定位、阻断等手段
3	病毒攻击	检查网络入侵防范设备,查看是否能检测以下攻击行为:端口扫描、强力攻击、木马后门攻击、拒绝服务攻击、缓冲区溢出攻击、IP碎片攻击、网络蠕虫攻击等

9.5 照明设施

9.5.1 照明设施包含路段照明设施、互通照明设施、收费广场照明设施、服务区照明设施、收费天棚照明设施、桥梁照明设施等,其常见故障及处理方法相同。

9.5.2 照明设施常见故障及处理方法见表 41。

表 41 照明设施常见故障及处理方法

序号	故障现象	处理方法
1	漏电	用电器具内存在漏电,应修复存在故障的器具;未经修复,不能使用
2	过载	因导线绝缘老化和芯线截面积过小引起的故障,应更换符合要求的导线
3	短路	因连接工艺失误和加工不良引起的短路和漏电故障,应按照工艺要求和规范化操作要求重新进行加工
4	灯具故障	检查线路及接线,开关或灯头接线松动,灯泡与灯头接触不良
5	灯泡闪烁	(1)调换灯泡; (2)检查灯座和开关并修复; (3)检查熔断器并修复; (4)采取措施稳定电源电压
6	灯光暗淡	(1)调高电源电压; (2)检查线路,更换导线
7	灯泡不亮	(1)调换灯泡; (2)检查熔丝烧断的原因并更换熔丝; (3)检查灯座及开关的接线处并修复; (4)用试电笔或校火灯头检查线路的断路处并修复

9.6 隧道机电设施

9.6.1 车辆检测器

参见 9.1.1 车辆检测器常见故障及处理方法。

9.6.2 视频监控系统

参见 9.1.3 视频监控系统常见故障及处理方法。

9.6.3 LED 可变标志

参见 9.1.4 LED 可变标志常见故障及处理方法。

9.6.4 隧道视频交通事件检测器

参见 9.1.5 视频交通事件检测器常见故障及处理方法。

9.6.5 隧道雷达视频检测系统

参见 9.1.13 雷达视频检测系统常见故障及处理方法。

9.6.6 紧急电话

紧急电话常见故障及处理方法见表 42。

表 42 紧急电话常见故障及处理方法

序号	故障现象	处理方法
1	分机与主机无法通话	(1)隧道分机与监控中心主机无法连接通话,检查分机主板,更换故障主板; (2)检查通信设备和链路; (3)检查主机软件是否死机,重启主机软件; (4)检查主机电话是否正常,使用备用电话
2	分机通话声音较小	检查分机主板声音控制板是否正常,如故障需更换
3	分机按键无反应	检查按钮控制线是否正常,如故障更换按钮和控制线
4	软件系统异常	软件配置不当,更改配置后重新检测

9.6.7 广播系统

广播系统常见故障及处理方法见表 43。

表 43 广播系统常见故障及处理方法

序号	故障现象	处理方法
1	广播无声音	(1)检查广播软件是否死机,重启软件或广播计算机; (2)检查广播播放音频文件是否损坏,更换音频文件; (3)检查广播通信链路是否正常,观察广播软件是否显示故障
2	广播声音较小或有杂音	检查广播号角是否正常,如故障需更换
3	软件系统异常	软件配置不当,更改配置后重新检测

9.6.8 环境检测设备

环境检测设备常见故障及处理方法见表44。

表 44 环境检测设备常见故障及处理方法

序号	故障现象	处理方法
1	无数据上传	(1)无数据上传或数据异常,检测传感器是否生成数据; (2)检查通信设备和链路; (3)检查接收服务是否正常,重启接收服务
2	检测精度达不到设计要求	(1)软件配置不当,更改配置后重新检测; (2)设备配置异常,重新配置设备; (3)传感器硬件故障,更换设备

9.6.9 诱导及电光设施

诱导及光电设施常见故障及处理方法见表45。

表 45 诱导及电光设施常见故障及处理方法

序号	故障现象	处理方法
1	诱导标志不亮或亮度不足	(1)检查标志牌排查控制板、灯管,如故障需更换; (2)供电异常,检查该模块的供电是否正常,如故障需更换; (3)检查标志牌表面是否污损,进行清洗或更换
2	信号灯不亮	(1)检查信号灯是否故障,如故障需更换; (2)供电异常,检查该模块的供电是否正常,如故障需更换
3	标线亮度不足	检查是否污损,进行清洗或更换
4	无法控制	(1)控制系统板故障,更换控制系统板; (2)通信线路故障,不能接收和发送数据,检查线路和通信设备; (3)控制或通信计算机故障或死机,重启计算机; (4)控制系统板电源故障,更换电源

9.6.10 通风设施

通风设施常见故障及处理方法见表46。

表 46 通风设施的常见故障及处理方法

序号	故障现象	处理方法
1	风机运转过程中异响	(1)检查风机叶片是否破损,叶片与机壳有无摩擦痕迹,叶片涂装有无剥落,更换叶片; (2)检查电机是否正常,拆卸维修

表46 通风设施的常见故障及处理方法(续)

序号	故障现象	处理方法
2	风机无法供电	(1)供电异常,检查该模块的供电是否正常,检查配电箱开关是否正常,供电电缆是否损坏; (2)风机控制盒是否正常,如故障尝试断电重启; (3)配电房低压配电柜是否正常
3	软件系统异常	软件配置不当,更改配置后重新检测
4	无法控制	(1)控制系统板故障,更换控制系统板; (2)通信线路故障,不能接收和发送数据,检查线路和通信设备; (3)控制或通信计算机故障或死机,重启计算机; (4)软启动器是否正常,拆卸维修; (5)本地控制器(PLC)控制模块是否故障,更换模块

9.6.11 水下隧道安全通道通风系统

水下隧道安全通道通风系统常见故障及处理方法见表47。

表47 水下隧道安全通道通风系统常见故障及处理方法

序号	故障现象	处理方法
1	前室加压失败	(1)检查防火门密闭性,更换破损的防火门密闭材料; (2)检查空气增压设备、气压检测器是否故障,如故障更换相关组件
2	风机故障	参见通风设施的常见故障及处理方法

9.6.12 水下隧道高压细水雾降温系统

水下隧道高压细水雾降温系统常见故障及处理方法见表48。

表48 水下隧道高压细水雾降温系统常见故障及处理方法

故障现象	处理方法
水雾不能喷出	(1)检查水泵、液压传感、温度传感器是否故障,如故障更换相关组件; (2)检查管道、喷头是否堵塞或漏水,清理堵塞的杂物,修补漏水点; (3)更换损坏的分区控制阀、喷头

9.6.13 消防设施

消防设施常见故障及处理方法见表49~表53。

表49 火灾报警系统常见故障及处理方法

序号	故障现象	处理方法
1	火灾探测器故障	(1)探头是否污损,清洗探头; (2)测温光缆是否断裂,熔接光缆或者更换光缆
2	报警按钮无法报警	按钮是否损坏,需更换
3	软件系统异常	软件配置不当,更改配置后重新检测
4	警情无法上传至主机	(1)报警主机通信控制系统板故障,更换控制系统板; (2)通信线路故障,不能接收和发送数据,检查线路和通信设备; (3)检查控制或通信计算机是否故障或死机,重启计算机; (4)本地控制器(PLC)控制模块是否故障,更换模块

表50 防火卷帘门常见故障及处理方法

序号	故障现象	处理方法
1	本地手动按钮无法控制卷帘门运行	(1)检查电源是否接通,排除供电故障; (2)检查控制开关控制箱接线是否松动,控制箱继电器是否正确吸合,将接线连接牢固; (3)检查是否处于行程开关限位状态,可反向控制运动或调整开关; (4)电机是否有电流声、是否过热,排查电机是否故障,维修或更换
2	远程无法控制	(1)本地控制是否有故障提示,根据故障提示,检查接线线缆,拔插相应模块,重启设备;更换损坏的模块; (2)检查PLC控制模块是否在线,排除网络故障; (3)检查输出继电器状态是否正常,接线是否牢固,重新拔插继电器
3	防火卷帘门无法完全打开或完全关闭	(1)检查限位开关信号是否异常,更换模块; (2)是否有异常遮挡,清除异物
4	卷帘门运行噪声大	(1)检查五金件是否安装牢固,紧固五金件; (2)检查导轨是否移位、变形,调节导轨至笔直、平行,涂抹润滑油

表51 消防水泵常见故障及处理方法

序号	故障现象	处理方法
1	消防水泵无法启动	(1)检查电源是否可靠,保证消防泵的正常供电; (2)消防泵叶轮、泵体是否被杂物堵塞,清除杂物; (3)检查消防泵自身机械故障,是否存在泵轴、轴承等部件锈蚀,泵轴是否弯曲,找出原因,采取清除锈蚀,更换泵轴等措施处理

表51 消防水泵常见故障及处理方法(续)

序号	故障现象	处理方法
2	电机过热	(1)检查电机是否缺相,保证正常供电; (2)水泵通风系统是否故障,检查风机、通风管道、轴承磨损等,找出原因,疏通管道、维修风机、更换轴承
3	泵体内有空气聚集,充水不足	(1)检查止回阀是否严密,管路及接头是否漏气,更换密封材料; (2)检查消防泵轴油密封圈是否磨损,及时进行更换

表52 水位检测常见故障及处理方法

故障现象	处理方法
实际水位变化,浮球无变化	(1)检查电源是否可靠,检查信号线路是否有异常; (2)检查浮球是否被卡住,清除水位计表面油污、杂物; (3)检测浮球是否脱落,紧固连接件

表53 水下隧道泡沫水喷雾联用灭火系统常见故障及处理方法

故障现象	处理方法
泡沫水雾(水幕)不能喷出	(1)检查水泵、泡沫泵或稳压装置、液压传感、温度传感器、烟雾传感器、沫/喷雾控制阀,更换故障器件; (2)管道堵塞或漏水,清除杂物,修补漏水点; (3)喷雾喷头堵塞、损坏,清除杂物,更换损坏的喷头

9.6.14 隧道照明设施

隧道照明设施常见故障处理方法见表54。

表54 隧道照明设施常见故障及处理方法

序号	故障现象	处理方法
1	隧道灯不亮	(1)单个隧道灯不亮,检查灯的供电电源,检查灯珠是否损坏,拆卸更换; (2)回路隧道灯不亮,检查供电电缆,配电箱开关,低压配电柜抽屉柜,检查供电公司是否停电
2	隧道灯亮度不够	(1)检查灯珠是否损坏,拆卸更换; (2)清洗灯上面的污染物
3	隧道灯无法控制开关	(1)通信线路故障,不能接收和发送数据,检查线路和通信设备; (2)控制或通信计算机故障或死机,重启计算机; (3)本地控制器(PLC)控制模块是否故障,更换模块

9.6.15 本地控制器

本地控制器常见故障及处理方法见表55。

表 55 本地控制器常见故障及处理方法

序号	故障现象	处理方法
1	模块工作不正常	检查模块指示灯是否正常,绿灯正常,如不正常,检查模块是否安装牢固
2	软件系统异常	软件参数配置不当,重置IP、设备编号等配置后重新检测
3	无法控制相对应的设备	(1)通信线路故障,不能接收和发送数据,检查线路和通信设备; (2)控制或通信计算机故障或死机,重启计算机; (3)本地控制器(PLC)控制模块是否故障,更换模块

9.6.16 监控中心设备及系统

参见9.1.8监控中心设备及系统常见故障及处理方法。

9.6.17 隧道监控中心计算机网络

参见9.1.10监控系统计算机网络常见故障及处理方法。

9.6.18 隧道供配电设施

参见9.4供配电设施常见故障及处理方法。

9.6.19 给排水设施

给排水设施常见故障及处理方法见表56。

表 56 给排水设施常见故障及处理方法

序号	故障现象	处理方法
1	供水管道压力异常	(1)检查压力表、阀门、供水泵,更换故障模块; (2)检查蓄水池水位,如水位不足检查是否正常供水
2	污水不能及时排出	(1)检查液位计、水泵是否正常工作,更换故障模块; (2)检查控制回路是否能正常启动水泵,更换故障模块; (3)检查排污管道,清理管道杂物

附 录 A
（资料性）
机电设施构成一览表

机电设施的构成见表 A。

表 A 机电设施构成一览表

分部设施	分项设施	一般构成
监控设施	车辆检测器	环形线圈车辆检测器、微波车辆检测器、视频车辆检测器
	气象检测器	能见度、温湿度、风速风向、雨量、路面状态等检测模块组成
	视频监控系统	一般由外场摄像机、云台、光端机、编解码器、视频分配器、视频矩阵、数字监控平台、视频录像机、监视墙等组成
	LED 可变标志	包括可变信息标志、可变限速标志、车道控制标志、交通信号灯等，一般由基础、支撑、机壳、显示屏、控制箱等组成
	视频交通事件检测器	外场视频图像采集系统、中心视频图像识别处理系统等部分组成
	公路交通情况调查设备	公路交通情况调查设备的类型有线圈式、压电式、微波式、超声波式、视频式等，或采用其中几种形式的组合方式
	高清卡口	外场视频图像采集系统、图像识别处理系统等部分组成
	监控中心设备及系统	由控制台、CCTV 监视墙；前端处理计算机、服务器、监控命令计算机、图形计算机；UPS、打印机、可读写光盘机、录像机及其他外围设备；照明、空调、配电、接地系统等配套设施组成
	大屏幕显示系统	由显示屏、投影仪、控制软件等组成
	监控系统计算机网络	由网线、光端机、交换机、路由器、服务器、防火墙等构成
	监控系统软件	主要包括系统软件与应用软件两部分，其中系统软件包括操作系统、数据库管理、网管系统、图形软件、软件平台开发工具等；应用软件包括系统管理模块、通信模块、信息管理模块、图形处理模块、视频图像管理模块、数据分析统计报表模块、应急处置模块、日常业务管理模块、预案管理模块、政务信息服务模块、公众信息服务模块等部分组成
	视频云	视频汇聚处理服务器、通信设施等
	雷达视频检测系统	雷达模块、摄像机、补光设备、分析服务器、通信传输设备、外场设备柜、分配电箱、基础、支撑结构等
通信设施	通信管道及光电缆线路	通信人手井、通信干线管道、路侧设备分支管道、入站分支管道、主干光缆、监控光缆、隧道光缆、电话电缆等
	光纤数字传输系统	SDH（Synchronous Digital Hierarchy）、PDH（Plesiochronous Digital Hierarchy）、PTN（Packet Transport Network）、IPRAN（IP Radio Access Network）等
	固定电话交换系统	数字程控交换机、窄带接入网、IP-PBX（IP Private Branch eXchange）、IAD（Internet Addiction Disorder）、配线架、IP 电话终端、模拟电话终端和数字电话终端、系统管理软件等

表 A 机电设施构成一览表(续)

分部设施	分项设施	一般构成
通信设施	以太网网络平台系统	路由设备、交换设备、应用网关、网络管理系统等
	广播系统	广播系统主机、外场广播终端、隧道广播终端等
	通信电源	电源管理模块、整流模块、配电模块、铅酸蓄电池组和电源管理系统等
	波分复用传输系统	DWDM(Dense Wavelength Division Multiplexing)、OTN(Optical Transport Network)、ASON(Automatically Switched Optical Network)等
收费设施	ETC专用车道设施	入口ETC车道和出口ETC车道,主要设备包括操作台、机柜、车道工控机、车道控制器、显示终端、电动(手动)栏杆、费额显示器、信号灯(车道通行灯、天棚信号灯、雾灯)、车辆检测器、车道摄像机、RSU及控制器等
	ETC/MTC混合车道设施	入口混合车道和出口混合车道,主要设备包括操作台、机柜、车道工控机、车道控制器、车道移动支付设备、收费员显示终端、专用键盘、票据打印机、电动(手动)栏杆、费额显示器、信号灯(车道通行灯、天棚信号灯、雾灯)、车辆检测器、超限检测设备(秤台、光栅等)、车道摄像机、收发卡设备、RSU及控制器等,应急情况下,使用的MTC便携终端和ETC手持终端
	自助终端设施	车道工控机、车道控制器、车道移动支付设备、路侧设备(RSU)、车载设备(OBU)、车辆检测器(包括触发线圈、识别线圈、抓拍线圈和流量线圈)、车牌识别设备(含车道摄像机)、费额显示器(含语音报读设备)、天棚信号灯、车道通行信号灯(含声光报警器)、高速电动栏杆等
	ETC门架系统	天线及天线控制器、车牌识别设备、车道控制机、摄像机、补光灯、防火墙、交换机、一体化机柜、去重服务器、供配电设备等
	有线对讲和紧急报警系统	主机、亭内分机、手动/脚踏报警装置等
	收费站设备	计算机及外围设备、数据服务器、网络交换机、图像监视器等
	收费中心设备	计算机及外围设备、数据服务器、网络交换机、图像监视器等
	收费系统计算机网络	网线、光端机、交换机、路由器、服务器、防火墙等
	视频监控系统	外场摄像机、云台、光端机、交换机、编解码器、视频分配器、视频矩阵、数字监控平台、视频录像机、监视墙等
	超限检测系统	动态计重衡器、胎型识别器、车辆分离器、通行信号灯、系统控制器及超限检测系统软件等
	绿色通道快速检测系统	成像器、X光光源、智能恒温控制柜、光栅、工控机、自动栏杆机、安全警示灯、设备间连接线等
供配电设施	电力电缆	钢芯架空导线、电力电缆(塑料线缆、矿物质电缆、橡套线缆、架空绝缘电缆)、分支电缆、电磁线以及电气装备电线电缆等
	中压配电设备	断路器、隔离开关、接地开关、负荷开关、熔断器、避雷器、电流\电压互感器、继电保护器、各类仪表、其他开关柜等

表 A 机电设施构成一览表（续）

分部设施	分项设施	一般构成
供配电设施	电力变压器	一、二次绕组、铁芯、油枕、散热片、气体继电器、油位计、分接开关等
	低压配电设备	低压开关柜、配电箱、各类低压电器等
	电源设备	发电机、UPS、EPS（Emergency Power Supply）等
	风/光供电设备	风叶、太阳能板、电缆、汇流箱、逆变器等
	电动汽车充电设备	充电桩、充电插头、电缆、控制屏
	电力监控系统	管理中心的主站系统和外场的各种测控保护设施以及数据通信设备
照明设施	路段照明设施	灯杆、灯具、控制器和供电线路等
	互通照明设施	灯杆、灯具、控制器和供电线路等
	收费广场照明设施	灯杆、灯具、控制器和供电线路等
	服务区照明设施	灯杆、灯具、控制器和供电线路等
	收费天棚照明设施	灯杆、灯具、控制器和供电线路等
	桥梁照明设施	灯杆、灯具、控制器和供电线路等
隧道机电设施	紧急电话	包括紧急电话主机、外场分机等
	广播系统	包括广播系统主机、外场广播等
	环境检测设备	包括CO传感器、烟雾传感器、照度传感器、风速风向传感器等
	诱导及电光设施	包括LED发光型诱导设施、电光标志及标线标志等
	通风设施	包括射流风机、轴流风机及其配套设施等，水下隧道还包括环境检测系统、行车孔通风系统、独立排烟系统、安全通道通风系统、高压细水雾降温系统等
	消防设施	包括火灾报警系统、消防供水设施、灭火系统及消防专用连接电缆、管道、配件等器材，水下隧道还包括火灾检测报警系统、消火栓系统、消防供水及管道系统、隧道泡沫水喷雾联用灭火系统、气体消防系统等
	隧道照明设施	一般由灯具、控制器和供电线路等组成
	本地控制器	控制器、电源
	隧道监控中心计算机网络	一般由网线、光端机、交换机、路由器、服务器、防火墙等构成
	隧道监控中心计算机控制系统	主要包括系统软件与应用软件两部分，其中系统软件包括操作系统、数据库管理、网管系统、图形软件、软件平台开发工具等；应用软件包括系统管理模块、通信模块、信息管理模块、图形处理模块、视频图像管理模块、数据分析统计报表模块、应急处置模块、日常业务管理模块、预案管理模块、政务信息服务模块、公众信息服务模块等部分组成
	隧道供配电设施	包括高压配电设备、电力变压器、低压配电设备、高低压电力电容器柜、微机继电保护装置、电力电缆、控制电缆、各种金属构件、自备发电机等各种为用电设备服务的供配电及辅助设施
	给排水系统	消防给水设施、排水设施等
注：隧道内车辆检测器、视频监控系统、LED可变标志、隧道视频交通事件检测设施、隧道雷达视频检测系统的构成同前面监控设施中相同设施。		

附 录 B
（规范性）
机电工程资料交接清单

新建或改扩建机电工程资料交接宜包含下列文件：
a) 设备和材料报验资料，包括产品出厂检验合格证明和有资质的检测机构出具的合格检测报告；
b) 所用主要原材料、设备的现场抽查质量检验结果，包括施工单位的委托送样及监理单位的抽检委托送样的检验报告；
c) 设备和软件安装调试记录；
d) 隐蔽工程验收记录及施工影像资料；
e) 施工过程中的检验测试记录，包括施工单位的自检记录和监理单位的抽检记录；
f) 施工结束后的检验测试记录；
g) 工程项目交（竣）工检测报告；
h) 竣工图纸（设计图纸）及变更说明文件等；
i) 产品使用说明书或培训、维护手册；
j) 其他应具备的资料，包括施工过程中遇到的非正常情况记录、根据工程实际情况必须具备的相关行业检测验收文件。

附 录 C
（资料性）
机电设施养护常用表格样表

表 C.1～表 C.13 给出了机电设施养护常用表格的样表。

表 C.1 ××高速公路机电系统日常巡查记录表

机电系统日常巡查记录表			巡查单位：																															巡查站点：	
			巡查方法：																																
			巡查频率：																																
			巡查时间： 年 月																																
序号	检查项目	技术要求	1	2	3	4	5	6	7	8	9	10	11	12	13	14	15	16	17	18	19	20	21	22	23	24	25	26	27	28	29	30	31
1																																		
2																																		
3																																		
4																																		
5																																		
6																																		
7																																		
8																																		
9																																		
异常情况说明																																			
巡查人员：			项目负责人复核：																									业主单位确认：							

注：巡查情况正常打"√"；巡查情况异常打"×"，并标记①②③……，在异常情况说明栏中对应说明具体情况或记录故障单号（附件）。

表 C.2 ××高速公路机电系统定期巡检记录表

巡检单位：　　　　　　　　　　　　　　　　　　　　　　　　　　　巡检时间：　年　月

序号	巡检位置	检查结果	问题描述及处理情况	对应故障处理单	备注
1					
2					
3					
4					
5					
6					
7					
8					
9					
10					
11					

填表日期：　　　　巡检人员：　　　　　　项目负责人复核：　　　　　　业主单位确认：

说明：作业照片详见附件

表 C.3 ××高速公路联网收费系统定期巡检记录表（路段中心/站系统）

巡检单位：
巡检地点：
巡检时间： 年 月

序号	检查项目		技术要求	1	2	3	4	5	6	7	8	9	10	11	12	13	14	15	16	17	18	19	20	21	22	23	24	25	26	27	28	29	30	31
1	软件	数据交互	站与部中心系统部-站数据交互服务运行正常，每日巡检≥1次																																	
2			站与省内上级系统（如省中心、路段中心系统）数据交互服务运行正常，每日巡检≥1次																																	
3			路段中心与省中心系统数据交互服务运行正常，每日巡检≥1次																																	
4			与下辖层级收费系统（如路段中心-站，站-车道，站-门架）数据交互服务运行正常，每日巡检≥1次																																	
5	软件	在线密钥	PSAM授权设备中的授权接口服务软件运行正常，每日巡检≥1次																																	
6		通行预约	通行预约查验App已正常更新至最新版本，且系统运行正常，每周巡检≥1次																																	

表 C.3 ××高速公路联网收费系统定期巡检记录表（路段中心/站系统）（续）

巡检单位：
巡检地点：
巡检时间： 年 月

序号	检查项目		技术要求	1	2	3	4	5	6	7	8	9	10	11	12	13	14	15	16	17	18	19	20	21	22	23	24	25	26	27	28	29	30	31
7	软件	通行预约	通行预约查验 App 中的查验信息数据准确，及时上传，后台服务运行正常，每周巡检≥1次																															
8		稽查管理	部级稽查管理系统功能正常，每周巡检≥1次																															
9		CPC 管理	部级 CPC 管理系统功能正常，CPC 卡管理功能正常运行，每周巡检≥1次																															
10		入口治超	入口治超检测站级管理软件功能正常，软件后台关键服务运行正常，系统软件版本及时更新，每周巡检≥1次																															
11		其他	影响到联网收费业务运作的其他关键后台服务或业务页面功能正常，每周巡检≥1次																															
12	硬件	密钥设备	检查设备无异常告警，运行正常，每周巡检≥1次																															

表 C.3 ××高速公路联网收费系统定期巡检记录表（路段中心/站系统）（续）

巡检单位：　　　　　　　　　　　　　　　　　　　　　　　　　　　　　　巡检时间：　　年　　月
巡检地点：

序号	检查项目		技术要求	1	2	3	4	5	6	7	8	9	10	11	12	13	14	15	16	17	18	19	20	21	22	23	24	25	26	27	28	29	30	31
13	硬件	北斗授时	设备无异常告警，能够准确授时，每日巡检≥1次																																
14		服务器	设备无异常告警，各应用软件无漏洞，CPU峰值≤60%，内存峰值≤70%，磁盘空间使用率≤80%，每周巡检≥1次																																
15		数据库	设备无异常告警，CPU峰值≤50%，内存峰值≤70%，磁盘空间使用率≤80%，磁盘IO≤60%，每周巡检≥1次																																
16		网络安全设备	设备（如防火墙、网关等）无异常告警，无安全事件提示，安全策略正常配置，每周巡检≥1次																																
17		网络设备	设备（如路由器、交换机、负载均衡等）无异常告警，端口流量异常告警，CPU峰值≤80%，内存峰值≤70%，每周巡检≥1次																																
18	硬件	供电设备	设备状态正常，后备电源正常，每周巡检≥1次																																

表 C.3 ××高速公路联网收费系统定期巡检记录表（路段中心/站系统）（续）

巡检单位：　　　　　　　　　　　　　　　　　　　　　　　　　　　　　　　　　巡检时间：　　年　　月

巡检地点：

序号	检查项目		技术要求	1	2	3	4	5	6	7	8	9	10	11	12	13	14	15	16	17	18	19	20	21	22	23	24	25	26	27	28	29	30	31
19	数据	数据管理	向部中心、省中心系统上传数据无积压，每日巡检≥1次																																
20			OBU 状态名单版本最新，下载和下发服务正常，每日巡检≥1次																																
21			用户卡状态名单版本最新，下载和下发服务正常，每日巡检≥1次																																
22			追缴名单版本最新，下载和下发服务正常，每日巡检≥1次																																
23			预追缴名单版本最新，下载和下发服务正常，每日巡检≥1次																																
24			绿通预约数据最新，下载和下发服务正常，每日巡检≥1次																																
25			大件运输预约数据最新，下载和下发服务正常，每日巡检≥1次																																
26			本省费率模块和费率参数版本最新，下载和下发服务正常，每日巡检≥1次																																
27			全网可达收费站间最短路径费率版本最新，下载和下发服务正常，每日巡检≥1次																																
异常情况说明			无异常																																

巡检人员：　　　　　　　　　　　　项目负责人复核：　　　　　　　　　　　　业主单位确认：

注：巡检情况正常打"√"；巡检情况异常打"×"，并标记①②③……，在异常情况说明栏中对应说明具体情况。

表 C.4 ××高速公路联网收费系统定期巡检记录表（ETC/MTC 混合收费车道）

巡检单位：
收费站：
巡检时间：　　年　　月
巡检车道：

序号	检查项目		技术要求	1	2	3	4	5	6	7	8	9	10	11	12	13	14	15	16	17	18	19	20	21	22	23	24	25	26	27	28	29	30	31
1	软件	交易处理	ETC 入口车道处理逻辑正常，通过日志识别正常放行或拦截车辆，每 2 周巡检≥1 次																																	
2			ETC 出口处理逻辑正常，通过日志识别正常放行或拦截车辆，每 2 周巡检≥1 次																																	
3			ETC 交易失败转人工处理逻辑正常，通过日志识别，每 2 周巡检≥1 次																																	
4			人工入口车道识别正常，通过日志识别正常放行或拦截车辆，每 2 周巡检≥1 次																																	
5			人工出口处理逻辑正常，通过日志识别正常放行或拦截车辆，每 2 周巡检≥1 次																																	
6		计费处理	出口车道对省内计费模块和参数加载正常，调用模块和参数进行计费处理功能正常，每 2 周巡检≥1 次																																	
7		名单判别	车道调用状态名单、追缴名单等进行判别的功能正常，每 2 周巡检≥1 次																																	

表 C.4 ××高速公路联网收费系统定期巡检记录表（ETC/MTC 混合收费车道）（续）

巡检单位：

收费站：

巡检时间： 年 月

巡检车道：

序号		检查项目	技术要求	1	2	3	4	5	6	7	8	9	10	11	12	13	14	15	16	17	18	19	20	21	22	23	24	25	26	27	28	29	30	31
8	软件	数据交互	与站级收费系统数据交互服务运行正常，每 2 周巡检≥1 次																																
9		数据生成	车道交易流水的生成成功能正常，流水存放路径准确，流水内容无异常（如必填字段缺失、乱码等），每 2 周巡检≥1 次																																
10			支撑车道运行监测的数据生成功能正常，日志数据存放路径准确，数据内容无异常（如必填字段缺失、乱码码等），每 2 周巡检≥1 次																																
11		版本管理	车道软件版本最新，每 2 周巡检≥1 次																																
12		绿通预约	出口车道正常生成出口车道二维码，且确保信息准确，每 2 周巡检≥1 次																																
13		入口治超	检测功能正常，数据上传正常，每 2 周巡检≥1 次																																
14		异常干扰	不因车道软件问题导致跟车干扰、旁道干扰等																																
15	硬件	RSU 天线及控制器	天线及天线控制器，运行正常，每 2 周巡检≥1 次																																
16			天线覆盖角度正常，车道之间无信号干扰，每季度巡检≥1 次																																

97

表 C.4 ××高速公路联网收费系统定期巡检记录表（ETC/MTC 混合收费车道）（续）

巡检单位：　　　　　　　　　　　　　　　　　　　　　　　　巡检时间：　　年　　月
收费站：　　　　　　　　　　　　　　　　　　　　　　　　　　巡检车道：

序号		检查项目	技术要求	1	2	3	4	5	6	7	8	9	10	11	12	13	14	15	16	17	18	19	20	21	22	23	24	25	26	27	28	29	30	31
17	硬件	车牌识别设备	识别结果清晰正确，角度正常，每 2 周巡检≥1 次																															
18		车检器	设备运行正常，准确识别车辆到达和驶离，每 2 周巡检≥1 次																															
19		费额显示	文字显示、通行信号显示正常，每 2 周巡检≥1 次																															
20		车道控制器	与车道设备交互正常，系统盘容量占有量≤80%，软件所在盘容量占用≤80%，CPU 占有率≤80%，每 2 周巡检≥1 次																															
21		读卡器	非接触式读卡器运行正常，固件为最新版本，每 2 周巡检≥1 次																															
22		移动支付	设备运行正常，能正常扫码收费，每 2 周巡检≥1 次																															
23		治超设备	控制机、光栅、计重设备、车牌识别等设备运行正常，每 2 周巡检≥1 次																															
24		栏杆机	设备运行正常，起落杆正常，每 2 周巡检≥1 次																															
25		供电设备	供电设备状态正常，后备电源状态正常，每 2 周巡检≥1 次																															

DB44/T 2432—2023

表 C.4 ××高速公路联网收费系统定期巡检记录表(ETC/MTC 混合收费车道)(续)

巡检单位：　　　　　　　　　　　　　　　　　　　　　　　　　　　　　　　　巡检时间：　　年　　月
收费站：　　　　　　　　　　　　　　　　　　　　　　　　　　　　　　　　　　巡检车道：

序号	检查项目		技术要求	1	2	3	4	5	6	7	8	9	10	11	12	13	14	15	16	17	18	19	20	21	22	23	24	25	26	27	28	29	30	31
26	数据	数据管理	向站级收费系统上传数据无积压，每日巡检≥1次																															
27			OBU 状态名单版本最新，下载和下发服务正常，每日巡检≥1次																															
28			用户卡状态名单版本最新，下载和下发服务正常，每日巡检≥1次																															
29			追缴名单版本最新，下载和下发服务正常，每日巡检≥1次																															
30			预追缴名单版本最新，下载和下发服务正常，每日巡检≥1次																															
31			绿通预约名单版本最新，下载和下发服务正常，每日巡检≥1次																															
32			大件运输预约数据最新，下载和下发服务正常，每日巡检≥1次																															
33			本省费率模块和费率参数版本最新，下载和下发服务正常，每日巡检≥1次																															

99

表 C.4 ××高速公路联网收费系统定期巡检记录表（ETC/MTC 混合收费车道）（续）

巡检单位：　　　　　　　　　　　　　　　　　　　　　　　　巡检时间：　　年　　月
收费站：　　　　　　　　　　　　　　　　　　　　　　　　　　巡检车道：

序号	检查项目		技术要求	1	2	3	4	5	6	7	8	9	10	11	12	13	14	15	16	17	18	19	20	21	22	23	24	25	26	27	28	29	30	31
34	数据管理	数据	全网可达收费站间最短路径费率版本最新，下载和下发服务正常，每日巡检≥1次																																
35			治超检测作业所生成的车辆检测记录存放路径正确，及时上传至后台系统无积压，每日巡检≥1次																																
异常情况说明			无异常																																

巡检人员：　　　　　　　　　　项目负责人复核：　　　　　　　　业主单位确认：

注：巡检情况正常打"√"；巡检情况异常打"×"，并标记①②③……，在异常情况说明栏中对应说明具体情况。

表 C.5 ××高速公路联网收费系统定期巡检记录表（ETC 收费车道）

巡检单位：　　　　　　　　　　　　　　　　　　　　　　　　　　　　巡检时间：　　年　　月
收费站：　　　　　　　　　　　　　　　　　　　　　　　　　　　　　　巡检车道：

序号	检查项目		技术要求	1	2	3	4	5	6	7	8	9	10	11	12	13	14	15	16	17	18	19	20	21	22	23	24	25	26	27	28	29	30	31
1	软件	交易处理	ETC 入口车道处理逻辑正常，通过日志识别正常放行或拦截车辆，每 2 周巡检≥1 次																															
2		交易处理	ETC 出口车道处理逻辑正常，通过日志识别正常放行或拦截车辆，每 2 周巡检≥1 次																															
3		计费处理	出口车道对省内计费模块和参数加载正常，调用模块和参数进行计费处理功能正常，每 2 周巡检≥1 次																															
4		名单判别	车道调用状态名单、追缴名单等进行判别的功能正常，每 2 周巡检≥1 次																															
5		数据交互	与站级收费系统数据交互服务运行正常，每 2 周巡检≥1 次																															
6		数据生成	车道交易流水的生成成功正常，流水存放路径准确，流水内容无异常（如必填字段缺失、乱码等），每 2 周巡检≥1 次																															

表 C.5 ××高速公路联网收费系统定期巡检记录表（ETC收费车道）（续）

巡检单位：
收费站：
巡检时间：　　年　　月
巡检车道：

序号	检查项目		技术要求	1	2	3	4	5	6	7	8	9	10	11	12	13	14	15	16	17	18	19	20	21	22	23	24	25	26	27	28	29	30	31
7	软件	数据生成	支撑车道运行监测的数据生成功能正常，日志数据存放路径准确，数据内容无异常（如必填字段缺失、乱码等），每2周巡检≥1次																																	
8		版本管理	车道软件版本最新，每2周巡检≥1次																																	
9		绿通预约	出口车道正常生成出口车道二维码，且信息准确，每2周巡检≥1次																																	
10		异常干扰	不因车道软件问题导致跟车干扰、旁道干扰等																																	
11	硬件	RSU天线及天线控制器	天线及天线控制器，运行正常，每2周巡检≥1次																																	
12			天线覆盖角度正常，车道之间无信号干扰，每季度巡检≥1次																																	
13		车牌识别设备	识别结果清晰正常，识别角度正常，每2周巡检≥1次																																	
14		车检器	设备运行正常，准确识别车辆到达驶离，每2周巡检≥1次																																	

表 C.5 ××高速公路联网收费系统定期巡检记录表（ETC 收费车道）（续）

巡检单位：
收费站：
巡检时间： 年 月
巡检车道：

序号		检查项目	技术要求	1	2	3	4	5	6	7	8	9	10	11	12	13	14	15	16	17	18	19	20	21	22	23	24	25	26	27	28	29	30	31
15	硬件	费额显示器	文字显示、通行信号显示正常，每 2 周巡检≥1 次																																
16		车道控制器	与车道设备交互正常，系统盘容量占有率≤80%，软件所在盘容量占用≤80%，CPU 占有率≤80%，每 2 周巡检≥1 次																																
17		栏杆机	设备运行正常，起落杆正常，每 2 周巡检≥1 次																																
18		供电设备	供电设备状态正常，后备电源状态正常，每 2 周巡检≥1 次																																
19	数据	数据管理	向站级收费系统上传数据无积压，每日巡检≥1 次																																
20			OBU 状态名单版本最新，下载和下发服务正常，每日巡检≥1 次																																
21			用户卡状态名单版本最新，下载和下发服务正常，每日巡检≥1 次																																

103

表 C.5　××高速公路联网收费系统定期巡检记录表（ETC 收费车道）（续）

巡检单位：　　　　　　　　　　　　　　　　　　　　　　　　　　　　　　　　　巡检时间：　　年　　月
收费站：　　　　　　　　　　　　　　　　　　　　　　　　　　　　　　　　　　　巡检车道：

序号	检查项目		技术要求	1	2	3	4	5	6	7	8	9	10	11	12	13	14	15	16	17	18	19	20	21	22	23	24	25	26	27	28	29	30	31
22	数据管理		追缴名单版本最新，下载和下发服务正常，每日巡检≥1次																															
23			预缴名单版本最新，下载和下发服务正常，每日巡检≥1次																															
24		数据	绿通预约名单版本最新，下载和下发服务正常，每日巡检≥1次																															
25			大件运输预约数据服务正常，每日巡检≥1次																															
26			本省费率模块和费率参数版本最新，下载和下发服务正常，每日巡检≥1次																															
27			全网可达收费站间最短路径费率版本最新，下载和下发服务正常，每日巡检≥1次																															
异常情况说明			无异常																															

巡检人员：　　　　　　　　　　　　项目负责人复核：　　　　　　　　　　　　业主单位确认：

注：巡检情况正常打"√"；巡检情况异常打"×"，并标记①②③……，在异常情况说明栏中对应说明具体情况。

表 C.6 ××高速公路联网收费系统定期巡检记录表（ETC 门架系统）

巡检单位：　　　　　　　　　　　　　　　　　　　　　　　　　　　巡检时间：　　年　　月

门架名称及桩号：

序号	检查项目		技术要求	1	2	3	4	5	6	7	8	9	10	11	12	13	14	15	16	17	18	19	20	21	22	23	24	25	26	27	28	29	30	31
1	软件	交易处理	通过日志识别ETC计费逻辑正常，每2周巡检≥1次																															
2			通过日志识别CPC计费逻辑正常，每2周巡检≥1次																															
3			通过日志识别ETC的0元计费逻辑正常，每2周巡检≥1次																															
4		计费处理	计费模块和参数加载正常，调用模块和参数进行计费处理功能正常，每2周巡检≥1次																															
5		数据交互	与ETC门架后台系统数据交互服务运行正常，每2周巡检≥1次																															
6		数据生成	门架交易流水的生成功能正常，流水存放路径准确，流水内容无异常（如必填字段缺失、乱码等），每2周巡检≥1次																															
7			支撑门架运行监测的数据生成功能正常，数据存放路径准确，数据内容无异常（如必填字段缺失、乱码等），每2周巡检≥1次																															

表 C.6 ××高速公路联网收费系统定期巡检记录表（ETC 门架系统）（续）

巡检单位：
门架名称及桩号：
巡检时间：　　年　　月

序号	检查项目		技术要求	1	2	3	4	5	6	7	8	9	10	11	12	13	14	15	16	17	18	19	20	21	22	23	24	25	26	27	28	29	30	31
8	软件	版本管理	门架前端和后台软件版本最新，天线控制器固件版本最新，车牌识别设备固件版本最新，每2周巡检≥1次																																
9		在线密钥	RSU中的PSAM授权状态正常，每2周巡检≥1次																																
10		RSU天线及控制器	天线及天线控制器运行正常，每2周巡检≥1次																																
11	硬件		天线覆盖角度正常，识别角度检≥1次，每季度巡																																
12		车牌识别设备	识别结果清晰正常，每2周巡检≥1次																																
13		工控机	设备运行正常，系统盘容量占有量≤80%，软件所在盘容量占用≤80%，CPU占有率≤80%，每2周巡检≥1次																																
14		后台服务器	设备运行正常，设备无异常告警，CPU峰值≤60%，内存峰值≤70%，磁盘空间使用率≤80%，每2周巡检≥1次																																

DB44/T 2432—2023

表 C.6 ××高速公路联网收费系统定期巡检记录表（ETC门架系统）（续）

巡检单位：

巡检时间： 年 月

门架名称及桩号：

序号		检查项目	技术要求	1	2	3	4	5	6	7	8	9	10	11	12	13	14	15	16	17	18	19	20	21	22	23	24	25	26	27	28	29	30	31
15	硬件	北斗授时	设备无异常告警，能够准确授时，每2周巡检≥1次																																
16		门架机柜	柜体正常，门锁及空调运行正常，每2周巡检≥1次																																
17		供电设备	供电设备状态正常，后备电源状态正常，每2周巡检≥1次																																
18	数据	数据管理	前端向门架后台系统上传数据无积压，每日巡检≥1次																																
19			门架后台系统向路段中心、省中心、部中心上传数据无积压，每日巡检≥1次																																
20			下载的费率模块和费率参数版本最新，每日巡检≥1次																																
异常情况说明			无异常																																

巡检人员： 项目负责人复核： 业主单位确认：

注：巡检情况正常打"√"；巡检情况异常打"×"，并标记①②③……，在异常情况说明栏中对应说明具体情况。

107

表 C.7 ××高速公路联网收费系统定期巡检记录表（网络通信）

巡检单位：
巡检地点：
巡检时间： 年 月

序号	检查项目	技术要求	1	2	3	4	5	6	7	8	9	10	11	12	13	14	15	16	17	18	19	20	21	22	23	24	25	26	27	28	29	30	31
1	数据传输	省中心将状态名单推送至车道的平均时长≤120min，下发时间＞120min的站次比例≤0.5%																																
2		收费站将出口交易记录上传至省中心的平均时长≤30min，上传时间＞30min的数据量≤1%																																
3		ETC门架交易流水上传至省中心的平均时长≤30min，上传时间＞30min的数据量≤1%																																
4		省中心将全网最短路径费率下发至收费站平均时长≤120min																																
5		省中心将计费模块下发至收费站（含ETC门架）平均时长≤120min																																
6	设备状态	路段业主承担省站通信传输的设备（包括网络交换机,路由器等），业务高峰状态CPU使用率≤60%，内存占用率≤70%																																
7		收费站（含ETC门架）承担省站通信传输的设备（包括网络交换机,路由器等），业务高峰状态CPU使用率≤60%，内存占用率≤70%																																
8	网络传输	区域中心/路段业主收费站业务高峰时的网络带宽占用率≤80%																																

表 C.7 ××高速公路联网收费系统定期巡检记录表（网络通信）（续）

巡检单位：
巡检地点：
巡检时间： 年 月

序号	检查项目	技术要求	1	2	3	4	5	6	7	8	9	10	11	12	13	14	15	16	17	18	19	20	21	22	23	24	25	26	27	28	29	30	31
9	网络传输	区域中心/路段业主至收费站业务高峰时的网络时延≤100ms																																
10		部站传输业务高峰时的网络时延≤200ms																																
11		区域中心/路段业主至收费站业务高峰时的网络丢包率≤1%																																
12		区域中心/路段业主至收费站的链路是主备冗余,切换正常																																
13	运营维护	区域中心/路段业主网络通信设备正常,网络畅通,每日巡检≥1次																																
14		收费站网络通信设备正常,网络畅通等,每周巡检≥1次																																
15		车道、ETC门架网络通信设备正常,网络畅通,每2周巡检≥1次																																
16		区域中心/路段业主至收费站的网络修复平均时间≤4h																																

表 C.7 ××高速公路联网收费系统定期巡检记录表（网络通信）（续）

巡检单位：
巡检地点：
巡检时间： 年 月

序号	检查项目	技术要求	1	2	3	4	5	6	7	8	9	10	11	12	13	14	15	16	17	18	19	20	21	22	23	24	25	26	27	28	29	30	31
17	运营维护	区域中心/路段业主至收费站的网络故障频率≤1次/月（每线路）																																
18		区域中心/路段业主网络通信设备有进行冗余配置或备有备品备件																																
19		收费站网络通信设备有进行冗余配置或备有备品备件																																
异常情况说明		无异常																																
巡检人员：		项目负责人复核：																					业主单位确认：											

注：巡检情况正常打"√"；巡检情况异常打"×"，并标记①②③……，并在异常情况说明栏中对应说明具体情况。

DB44/T 2432—2023

表 C.8 ××高速公路机电系统巡检问题汇总表

巡检单位：　　　　　　　　　　　　　　　　巡检时间：　年　月

序号	故障单号	位置	桩号	设备名称	存在问题	问题整改建议	报送部门	问题分类	修复时间
1									
2									
3									
4									
5									
6									
7									
8									
9									
10									
11									
12									
13									
14									
15									

表 C.9 ××高速公路机电系统定期养护记录表

××高速公路机电系统定期养护记录表

（　　年第　　季度）

表单编号

保洁保养地点：　　　　　　　　　　　　　　　　　　　　保洁时间段：

序号	具体位置	设备名称	数量	检查项目	保洁完成情况
1					
2					
3					
4					
5					
6					
7					
8					
9					
10					
11					
结果确认	保洁人员签字： 日期：			满意度评价： 业主单位确认： 日期：	

说明：作业照片详见下页

DB44/T 2432—2023

表 C.10 ××高速公路机电系统故障设备汇总表

故障发生时段：

序号	超时	状态	故障单编号	设备编号	设备名称	所属系统	位置	故障描述	报修人	故障等级	故障分类	故障发生时间	故障修复时间	修复用时（h）	解决方案

DB44/T 2432—2023

表 C.11 ××高速公路机电系统未修复故障设备汇总表

故障发生时段：

序号	超时	故障单编号	设备编号	设备名称	所属系统	位置	故障描述	报修人	故障等级	故障分类	故障发生时间	执行单位

表 C.12 ××高速公路机电系统修复故障设备汇总表

故障修复时段：

序号	故障单编号	设备编号	设备名称	所属系统	位置	故障描述	报修人	故障等级	故障分类	故障发生时间	故障修复时间	修复用时（h）	解决方案	备注
1														
2														
3														
4														
5														
6														
7														
8														
9														
10														
11														
12														
13														
14														

表 C.13 ××高速公路机电系统故障处理表

养护单位：					编号：		
所属系统					故障分类		
故障报修及描述	地点：						
	发生时间：				报修人：	联系电话：	
	故障描述：						
	报修日期：						
故障处理情况	故障情况确认：						
		设备编号	设备名称	规格型号	地点位置	桩号	故障原因	修复情况
	替换情况				（设备来源，某仓库，某出库单）			
	已修复□				未修复□			
	项目部	解决方案：			未修复原因：			
	技术支持组	解决方案：			未修复原因：			
	维修员：				修复时间：			
故障确认	养护项目确认				管理单位确认			
	时间： 年 月 日 时 分				时间： 年 月 日 时 分			

附 录 D
（资料性）
机电设施养护管理平台功能

机电设施养护管理平台的主要功能如下：
a) 数字化机电设施资产管理包括在用机电设施、仓库备品管理，实现机电设备全生命周期管理，动态分析设备健康度；
b) 可视化养护作业标准管理涵盖日常巡查、定期巡检、定期养护、故障维修管理；
c) 逻辑化日养数据分析管理涵盖养护作业表单、指标分析等；
d) 充分利用大数据分析、物联网感知、GIS定位等智慧化新技术、新应用，实现数字赋能。